MW01164861

DU MÊME AUTEUR
CHEZ ODILE JACOB

Histoire de France, 2001, « Poches Odile Jacob », 2003.
Le Choc de l'Islam, 2002, « Poches Odile Jacob », 2003.
Les Individus face aux crises du xxe siècle, 2005.

CHEZ D'AUTRES ÉDITEURS

La Révolution de 1917, Paris, Aubier, 1967, 1976 ; rééd. Albin Michel, 1997.
La Grande Guerre, 1914-1918, Paris, Gallimard, 1968 ; rééd. coll. « Idées », 1984.
Cinéma et Histoire, Paris, Denoël, 1976 ; rééd. revue, Paris, Gallimard, coll. « Folio », 1993.
L'Occident devant la révolution soviétique, Bruxelles, Complexe, 1980.
Suez, Bruxelles, Complexe, 1981.
Comment on raconte l'histoire aux enfants à travers le monde entier, Paris, Payot, 1983 ; rééd. Gallimard, coll. « Folio », 1986.
L'Histoire sous surveillance : science et conscience de l'histoire, Paris, Calmann-Lévy, 1985 ; rééd. Gallimard, coll. « Folio », 1987.
Pétain, Paris, Fayard, 1987 ; rééd. 1993, 1994.
Les Origines de la Perestroïka, Paris, Ramsay, 1990.
Questions sur la Deuxième Guerre mondiale, Paris, Casterman, coll. « xxe siècle », 1993.
Histoire des colonisations, des conquêtes aux indépendances (XIIIe-XXe siècle), Paris, Le Seuil, 1994.
Les Sociétés malades du progrès, Paris, Plon, 1999.
Que transmettre à nos enfants (avec Philippe Jammet), Paris, Le Seuil, 2000.
Les Tabous de l'histoire, Paris, Nil, 2002.
Le Livre noir du colonialisme (sous la dir.), Paris, Robert Laffont, 2003.
Le Cinéma, une vision de l'histoire, Paris, Le Chêne, 2003.
Ils étaient sept hommes en guerre, Paris, Robert Laffont, 2007.

MARC FERRO

LE RESSENTIMENT
DANS L'HISTOIRE

Comprendre notre temps

Odile
Jacob

poches

© Odile Jacob, 2007, octobre 2008
15, rue Soufflot, 75005 Paris

www.odilejacob.fr

ISBN : 978-2-7381-2161-5
ISSN : 1621-0654

Ouverture

2004. *Attentats meurtriers à Madrid* que revendique Al-Qaida. Pourquoi l'Espagne est-elle visée ? Parce que son gouvernement a envoyé des troupes en Irak ? Mais il n'est pas le seul en Europe. Parce qu'il existe un contentieux colonial entre le Maroc et l'Espagne ? Sans doute n'est-ce pas un hasard si des Marocains ont, pour une part, fomenté ou supervisé cet attentat.

Mais il y a autre chose, une blessure plus profonde dont la mémoire de l'Islam garde la trace. Ayman Al Zawahiri, lieutenant et médecin personnel de Ben Laden, l'a rappelé dans sa première intervention au lendemain de l'attaque contre le World Trade Center en 2001 : l'humiliation dont l'Islam est victime remonte à l'expulsion des Morisques d'Espagne, en 1492.

Or cette humiliation, les Espagnols du Levante, de Barcelone à Malaga, la célèbrent chaque année, dans ces mascarades dénommées « Moros i Christianos ». À Molzivar, par exemple, les habitants se divisent en deux camps, les uns déguisés en Maures, les autres en Espagnols d'autrefois. Cinq tableaux vivants évoquent la conquête arabe, l'occupation, la résistance, le soulèvement, et l'expulsion de l'envahisseur. Les insultes et les invectives que les uns adressent aux autres à chacun de ces épisodes ont été gardées en mémoire.

1973. *Attentat à Lausanne*, commis par des Arméniens.

Pourquoi en 1973 ? Pourquoi à Lausanne ?

Parce que cinquante ans plus tôt, à Lausanne précisément, les vainqueurs de la Grande Guerre ont trahi la promesse, qu'ils avaient faite à Sèvres en 1919, de laisser se constituer une Arménie indépendante. Cette bombe devait leur rappeler cette trahison. Et, depuis, les Arméniens ne cessent de militer pour que soit reconnu le génocide de 1915.

Ainsi, sans cesse s'accumule la charge de cet explosif, le ressentiment. Aux quatre coins du siècle, plusieurs fois il a manqué de faire sauter la société, en tout cas il l'a transfigurée. Tels ces virus qu'on croit morts alors qu'ils ne sont qu'endormis, le ressentiment tout à coup réactivé s'anime à la surprise de ceux qui n'en soupçonnaient même pas l'existence.

Avec quelle force ne s'est-il pas manifesté sous nos yeux lors de l'éruption d'un Islam extrême, tandis qu'au même moment des peuples anciennement colonisés exprimaient aussi le leur. Auparavant, l'Allemagne et son futur leader avaient nourri un violent ressentiment contre le traité de Versailles et ses signataires étrangers ou nationaux : on connaît la suite.

Ces manifestations parlent d'évidence, mais combien d'autres ne pourrait-on pas inventorier et analyser ?

8

Or, pour autant que ce ressentiment s'est exprimé durant ce dernier siècle, on imaginerait volontiers qu'il en constitue seulement l'héritage, alors qu'en vérité ceux qui l'ont identifié et en ont dévoilé la nature l'ont fait dès avant la Première Guerre mondiale : Nietzsche dans la *Généalogie de la morale* en 1887 et Max Scheler dans *L'Homme du ressentiment* en 1912. Leurs analyses, il est vrai, philosophiques ou psychologiques, portent essentiellement sur les individus. Aussi voudrions-nous aborder ce phénomène sous l'angle de l'histoire des sociétés, étant admis que nous ferons aussi fond sur ces approches philosophiques. Nous ferons fond également sur ces écrivains qui, utilisant ou non le terme, ont rôdé autour du phénomène – Rousseau, Dostoïevski, Camus, Céline, notamment –, car dans leur œuvre s'est opérée une sorte de fusion entre leur propre expérience, les personnages qu'ils ont créés, leur regard sur la société, et, en ce sens, ils contribuent à l'intelligibilité de l'Histoire.

Nous essaierons ainsi de repérer les manifestations du ressentiment, ses modes d'apparition, ses effets à travers l'Histoire. Phénomène individuel ou collectif, affectant aussi bien des groupes que des nations ou des communautés entières, il est plus insaisissable que, disons, la lutte des classes ou le racisme. Entre autres raisons, parce qu'il est demeuré latent et qu'il peut interférer aussi bien avec la lutte des classes et le racisme qu'avec le nationalisme ou d'autres phénomènes comme à Madrid et à Lausanne.

Ces interférences, nous les avions observées naguère en étudiant la révolution de 1917. Nous était en effet tombée sous la main la missive d'une jeune Tatare de Kazan qui s'interrogeait sur la priorité de la lutte à mener : tatare contre Russes ? ou Islam contre Église orthodoxe ?

ou, encore, ouvrière social-démocrate contre la bourgeoisie ? femme contre l'autorité des imams ? Lutte sociale,
lutte nationale, lutte féministe tantôt interféraient,
expression des différentes figures de son identité, tantôt
s'autonomisaient, tantôt se conjuguaient.

Dans un autre contexte, celui de la Seconde Guerre
mondiale et de ses suites, Annette Wieviorka a bien analysé ce phénomène d'identité multiple et changeante
dans *Ils étaient juifs, résistants, communistes*.

Il m'a semblé identifier une manifestation, je dirai
« autonome » du ressentiment, lorsque, travaillant sur la
Grande Guerre 1914-1918 et confrontant journaux de
tranchées, archives écrites et cinématographiques, lettres
de soldats et autres témoignages, il m'est apparu en clair
dans une de ces figures apparemment pures de toute autre
allégeance. Celle-ci puis d'autres nous permettront de
cerner quelques-unes des caractéristiques du ressentiment,
sa formule s'il en est une, changeante ou permanente.

1916-1918. Les combattants stagnent dans les tranchées où ils se sont enterrés pour survivre. Ils voient
leurs camarades mourir, cloués aux barbelés. À l'occasion d'une courte permission, ils découvrent qu'à
l'arrière « on se la coule douce pendant qu'ils se font
casser la gueule ».

Image des *Actualités de guerre*. Devant la gare de
Châlons, un permissionnaire cherche des yeux, mais en
vain, celui ou celle qui aurait dû venir l'attendre. Soudain, son regard se durcit : c'est jour de foire, et tous les
gens qui sont là sont là ne pensent qu'à s'amuser.
D'autres permissionnaires découvrent qu'au travail les
femmes ont souvent pris la place des hommes et que,
dans leur lit, parfois, des plus jeunes assurent la relève.

Situation qu'en France Gérard Philipe et Micheline Presle ont incarnée dans le film d'Autant-Lara, *Le Diable au corps* d'après le roman de Radiguet. On retrouve la même situation en Allemagne dans *Westfront* (*Quatre de l'infanterie*) de Pabst, d'après Johansen où, en outre, la mère d'un combattant s'impatiente que son fils n'ait pas encore gagné la guerre. Partout, comme en Russie aussi bien, dans les *Journaux de tranchée*, les soldats exigent que soit envoyé en première ligne celui qui crie « Guerre jusqu'au bout ».

De cette confrontation entre le front et l'arrière devait sourdre un profond ressentiment, pur de toute allégeance. L'expriment des soldats aussi bien que des officiers, des Français ou d'autres nationalités, pleins de rancœur après guerre contre l'ingratitude des civils, des gouvernements qui ne tiennent pas leur promesse d'aider les anciens combattants qui, comme le reconnaissait pourtant Clemenceau, « avaient des droits sur nous ».

Bientôt, ils expriment leur colère dans des Ligues d'anciens combattants qui font le lit du fascisme et auxquelles, en Allemagne comme en Italie, on ne peut adhérer que si l'on a été dans les tranchées. Il y pointe une graine de vengeance contre les civils.

Ce ressentiment, on en retrouve l'expression dans ce témoignage, qui en présente une figure à la fois voisine – la participation à la guerre – et différente, car elle met en scène des officiers et laisse transparaître une touche idéologique. Nous sommes en 1957, Georges Suffert en reproduit les termes dans *Esprit*.

« Mai 1957. L'ordre règne à Alger, l'ordre des paras, nouveau mythe populaire remplaçant, en plus brutal, celui de la Légion.

11

« Peu ou prou, chacun est le traître d'un autre. Est innocent et certainement respectable et fidèle à sa patrie celui qui insulte le bougnoul, qui sait où est la gloire, et que l'Islam est la religion du meurtre et que le fanatisme est haïssable. [...]

« Sont traîtres les autres. Ceux que cette guerre fait crever de lassitude, qui continuent à promener dans leur tête des images d'Épinal, d'histoire de France pour enfants : le Roi juste, la République haute en principes. Sont traîtres des rappelés revenus au pays qui gardent au fond de leur tête d'étranges souvenirs : il faut oublier, les hommes n'ont plus droit de se souvenir, même pas de leurs péchés [...].

« Le général entre, il est en civil. Sur les murs des cartes... Il parle : "C'est un combat à mort. Qui n'est pas avec nous est contre nous. Dès maintenant le FLN est battu... Il lui reste quelques troupes mais nous en viendrons à bout à condition que les traîtres de l'intérieur soient mis à la raison. Nous y veillerons."

« Soudain sa voix change : "Nous en avons assez. Depuis onze ans des officiers tombent dans cette étrange aventure commencée à Haïphong et dont on ne voit pas la fin, une promotion de saint-cyriens par an. Pour vous cette expression est une abstraction, pour moi ce sont des visages d'hommes de vingt ans enterrés maintenant dans tous les coins du monde." [...]

« "Pour tout cela pas un mot de remerciement. Nous sommes regardés de travers, suspectés par la nation, craints par des hommes politiques qui nous envoient à l'assaut et négocient derrière notre dos avec l'adversaire. C'est la victoire du communisme..."

« Il a été convaincant.

« De nouveau il grommelle, redevient général : "Dans trois semaines, tout sera fini, l'adversaire sera anéanti…"

« À qui ment-il ? À lui-même ? »

Le ressentiment d'un bon nombre de ces militaires explose bientôt et devient l'un des foyers de l'insurrection et du coup d'État de mai 1958.

Dans ce cas ont figuré, encore une fois, comme l'une des sources de ressentiment, l'incompréhension et l'ingratitude de l'arrière.

Plus tard, jugeant qu'ils ont été dupés par de Gaulle, certains d'entre eux participent à un putsch tandis que les Français d'Algérie, embarqués vers la métropole, impuissants, ruminent leur ressentiment et l'assouvissent en partie lorsqu'ils votent, en 1965, pour Mitterrand que pourtant ils haïssaient dix ans auparavant[1].

Mais ressentent aussi la blessure et l'affront de promesses non tenues ces musulmans, Algériens notamment, qui se sont battus dans les armées françaises en 1914-1918 puis en 1942-1944, en Italie particulièrement, et qui, de retour au pays, se voient relégués au statut de sujets, et non de citoyens à part entière. Un sentiment d'injustice et d'impuissance les travaille. Certains acceptent ce statut subalterne voulant croire qu'il est provisoire ; d'autres, au contraire, tel Ben Bella, se ressourcent pour alimenter une idéologie de la libération. Mais tous vont plus ou moins nourrir leur colère d'une mise en cause des valeurs de l'oppresseur, la République qui n'a pas tenu parole.

---

1. Sur l'exaspération des Corses, cf. notre *Histoire de France*, p. 521-525.

Ces trois cas sont transparents. Il s'agit chaque fois de combattants dans un contexte différent. Ils sont amers dans leur ressentiment contre la duplicité, les promesses non tenues.

Ces situations prises ensemble formulent la manière dont naît et se développe le ressentiment, étant entendu que chacune l'illustre plus ou moins complètement, sans qu'aucune ne l'incarne parfaitement dans l'Histoire ni se présente comme son « idéal type » à la Max Weber.

À l'origine du ressentiment chez l'individu comme dans le groupe social, on trouve toujours une blessure, une violence subie, un affront, un traumatisme. Celui qui se sent victime ne peut pas réagir, par impuissance. Il rumine sa vengeance qu'il ne peut mettre à exécution et qui le taraude sans cesse. Jusqu'à finir par exploser. Mais cette attente peut également s'accompagner d'une disqualification des valeurs de l'oppresseur et d'une revalorisation des siennes propres, de celles de sa communauté qui ne les avait pas défendues consciemment jusque-là, ce qui donne une force nouvelle aux opprimés, sécrétant une révolte, une révolution ou encore une régénérescence. C'est alors qu'un nouveau rapport se noue dans le contexte de ce qui a sécrété ces soulèvements ou ce renouveau.

La reviviscence de la blessure passée est plus forte que toute volonté d'oubli. L'existence du ressentiment montre ainsi combien est artificielle la coupure entre le passé et le présent, qui vivent ainsi l'un dans l'autre, le passé devenant un présent, plus présent que le présent. Ce dont l'Histoire offre maints témoignages.

Esclaves et persécutés :
un ressentiment millénaire

Le sort des esclaves antiques et des persécutés, ces premiers révoltés de l'Histoire, invite à un parcours singulier.

Dans le monde gréco-romain cohabitent des non-libres étrangers, prisonniers de guerre pour le plus grand nombre, et des autochtones souvent esclaves pour dettes.

Que des procédures d'affranchissement se mettent en place en Grèce, et ces esclaves ne deviennent pas pour autant des citoyens à part entière, mais des métèques qui peuvent être repris s'ils manifestent une ingratitude agressive – qui témoigne de leur ressentiment. Chez ceux qui travaillent dans les mines, une conscience communautaire peut apparaître. Elle prend des formes politiques avec la révolte des esclaves du Laurion en 429 pendant la guerre du Péloponnèse. Leur seule pensée est de fuir pour recouvrer leur liberté.

Après des révoltes qui avaient éclaté en Sicile où opulence et pauvreté voisinaient de façon ostentatoire, un soulèvement spectaculaire eut lieu, celui du Thrace

Spartacus qui, en 73 avant J-C, réussit à convaincre les gladiateurs de l'école de Capoue que leur sort était indigne et qu'ils devaient y mettre fin. Il put s'enfuir avec 70 d'entre eux. Pourchassé, ayant défait les troupes venues le déloger des pentes du Vésuve, Spartacus fut rallié par les esclaves ruraux et autres pâtres dépossédés de leurs terres. Son armée de 70 000 hommes dévasta l'Italie. L'homme était éduqué, réfléchi, il voulait que ses troupes regagnassent leurs terres natales, leur patrie d'origine. Mais le Sénat, épouvanté, confia six légions à Crassus qui finit par vaincre Spartacus et ses gladiateurs, et crucifia 6 000 prisonniers sur la voie Appienne.

Si le ressentiment contre des maîtres cruels qui les contraignent à ces spectacles ignominieux suscite ce type de révolte, le sort des esclaves fut bientôt pris en mains par des agitateurs politiques qui les mettent à leur service pour se saisir du pouvoir.

Ainsi fit Sergius Catilina, ce patricien beau gosse et beau parleur qui briguait le consulat. Issu d'une famille noble ruinée, il s'enrichit en acquérant à bon compte les biens de ceux que Rome avait proscrits. Après un passage en Afrique où il est accusé de concussion, il rassemble autour de lui les déclassés, les désœuvrés de la plèbe rurale et des hommes de main. Son programme ? Le partage des terres et l'abolition des dettes. Il se proclame chef du parti des misérables, général des pauvres. Il exprime au Sénat cette théorie que « l'État comprend deux corps, l'un faible avec une tête peu solide, l'autre solide mais sans tête ». Il sera cette tête. Ne reculant pas devant le meurtre, il voit ses anciens alliés, Crassus et César, se détacher de lui. Par son éloquence, Cicéron avait réussi à le discréditer : *Quousque tandem abutere, Catilina, patientia nostra ?* – « Jusques à quand, Catilina, abuseras-tu de notre patience ? » Il fut finalement vaincu et tué dans un combat.

Quant aux autres sujets et citoyens de l'Antiquité gréco-romaine, affranchis et libres par conséquent, c'est l'envie qui peut sécréter leur ressentiment envers les puissants. L'hostilité diffuse que ceux-ci suscitent tient moins à leur richesse même, comme l'a montré Paul Veyne, qu'à l'étalage qu'ils en font. Se montrer munificent envers la collectivité civique ne suffit certes pas à atténuer l'outre-cuidance du riche. « Tu m'as donné un spectacle, déclare un héros de Pétrone, mais moi je t'ai applaudi : fais le compte, je te verse plus que je n'ai reçu, une main lave l'autre. » La générosité du donateur est payée d'avance par la distance sociale dont il jouit. Le don, la générosité n'atténuent guère l'envie, l'une des sources du ressentiment. Une manière de voir qui, en Méditerranée, se retrouve d'ailleurs tout au long des siècles : « Vous avez bien su vous procurer notre argent avant d'être généreux », disent, au XVIIᵉ siècle, les paysans à un notable espagnol qui venait de faire un don conséquent à l'Église[2]. Et la reconnaissance depuis le Moyen Âge apparaît d'autant moins justifiée que la générosité des élites est devenue une exigence de la foi ou du pouvoir des évêques.

Depuis le Moyen Âge, l'envie ne fait son apparition que si l'inégalité qui l'a suscitée peut disparaître. Elle ne s'exerce pas contre les fastes éternels, ceux de l'Église.

Quand ce ne sont pas les biens de la personne qu'on envie mais son inaccessible génie, le ressentiment peut

---

2. Cité par J. Caro Baroja dans *Honour and Shame*, et les valeurs dans la société méditerranéenne.

conduire au meurtre, tel celui de César par Brutus dont l'amour de la République n'est sans doute qu'une des motivations. Près de nous, c'est un meurtre au figuré que commet Salieri traumatisé par les dons inimaginables du jeune Mozart dont il suit la carrière et qui se nourrit de ce ressentiment. Plus près de nous encore, ayant fait la découverte de l'incomparable Charlie Chaplin, le comique W.C. Fields déclarait que toute sa vie il n'a eu de désir que de l'assassiner.

Les temps du christianisme

Avec le christianisme, le divin ne s'identifie plus à un ordre du monde ou à un puissant mais à un être faible comme vous et moi, le Christ, ce qui fait de chacun son égal, pourvu qu'on croie en lui. Certes, la nature est inégalitaire, mais pour les chrétiens, tous les hommes sont égaux en dignité. Ainsi apparaît l'idée des droits de l'homme, celle aussi d'une communauté universelle par-delà les pratiques des différents peuples de l'Empire romain. La foi exige d'avoir confiance en l'enseignement du Christ, autrement dit de ne plus s'imaginer qu'on peut seulement penser par soi.

Pour ceux que la vie avait maltraités, les esclaves et autres persécutés, le retournement vient après une longue attente d'impuissance : s'opère alors un renversement des valeurs pour ces victimes qui avaient pu espérer en leur cœur quelque revanche contre les oppresseurs, mais en vain. Le christianisme leur promet cette revanche : « Comme je ne peux me venger des puissants, je compte sur Dieu : n'est-il pas répété que "les premiers seront les derniers", qu'"heureux sont ceux qui sont persécutés car le royaume des cieux est à eux" ? »

Or, pour autant qu'à la société antique l'esclavage paraissait naturel, la position de l'Église chrétienne apparaît ambiguë. D'un côté, elle veut l'adoucissement de l'esclavage, mais d'un autre côté elle ne lui fait pas la guerre, elle n'affranchit pas ses propres esclaves et ne les admet pas à la cléricature. Plus même, elle juge que libérer les esclaves serait amoindrir le patrimoine de Dieu... Saint Augustin et Isidore de Séville (IVe et VIe siècle) proclament la légitimité et la nécessité de la servitude, conçue comme un moyen providentiel de rédemption de l'humanité par la pénitence.

Mais simultanément, en proclamant que « tous les hommes sont frères », en offrant aux esclaves en fuite un asile dans ses églises où peuvent s'opérer les affranchissements, le christianisme humanise cette servitude. L'esclave est baptisé et ainsi dépouillé de son ancienne défroque. En affirmant leur amour des pauvres, en utilisant un langage simple et direct, en rendant visible leur action, les évêques vont fonder leur autorité sur cette aide aux malheureux et font ainsi une offre qui va à la rencontre de bien des demandes. L'Église crée une sensibilité nouvelle : dans cette religion, la morale prime le rite.

Il se crée alors une sorte de société de l'ambivalence, nombre de sujets de l'Empire romain menant en quelque sorte une double vie : l'une qui suit les préceptes des apôtres, l'autre qui obéit aux ordres de l'État, mais en se tenant déjà à l'écart de ses instances, en se refusant à commettre certaines actions, comme faire la guerre, par exemple : « Heureux les pacifiques, car ils seront appelés enfants de Dieu. » Contre le service aux armées, les premiers martyrs apparaissent au IIIe siècle, selon Tertullien. S'opère ainsi un divorce entre l'obéissance au droit qui, jusqu'à Constantin, considère le christianisme comme un crime, et une société qui peu à peu se christianise de bas en haut jusqu'à Maria, femme de l'empereur Commode.

Le christianisme demandait l'adoucissement de l'esclavage. À partir du moment où l'empereur lui-même se fit chrétien, Constantin, en 325, l'État fut animé par le souci de la justice et de l'humanité : protection des petits contre l'arbitraire des puissants, interdiction de séparer l'esclave de sa famille lors d'une vente, interdiction des spectacles de gladiateurs, etc.

Mais, en même temps, tandis que s'adoucissait le sort des malheureux, les deux premières *Lettres* de l'empereur chrétien après sa conversion stigmatisaient ceux qui, après avoir crucifié Jésus, ne se ralliaient pas à la religion « universelle », les juifs, et ceux qui en contestaient les fondements, les hérétiques, tels Donat et, plus tard, Arius. C'est contre eux qu'allait s'exercer désormais le ressentiment de l'Église. Mais pendant quelques siècles, plus contre ces hérétiques que contre les juifs à qui l'on reproche seulement d'être des demi-chrétiens.

En faisant valoir que la révolte des esclaves dans l'Antiquité commence lorsque le ressentiment devient créateur et sécrète une vraie réaction – la révolte – ou encore une inversion des valeurs, la foi chrétienne offrant une compensation dans une vengeance imaginaire, Nietzsche puis Scheler ont mis au jour une structure dont il convient de vérifier la permanence. L'un et l'autre n'en déduisent pas les mêmes effets : pervers pour le premier, car l'homme perd désormais sa souveraineté, heureux, au contraire, pour le second, car l'homme y trouve sa liberté.

Quand le persécuté devient le persécuteur

Un des traits les plus spectaculaires du changement qui s'observe quand l'empereur romain Constantin se convertit au christianisme, en 312, est bien ce revirement : le persécuté devient un persécuteur.

Jusque-là le chrétien avait été victime des lois impériales, le délit religieux étant assimilé à une désobéissance civile. On ne punissait pas le chrétien (ou le juif) à cause de ses croyances, mais parce qu'il ne participait pas pleinement à la vie de la cité, par exemple en refusant de procéder à des sacrifices en l'honneur du souverain ou des dieux officiels. Ou encore en manifestant de manière hostile au passage d'un monarque, ce qui conduisit le préfet Flaccus, sous Caligula, à ordonner un massacre de Juifs.

Ainsi, dans un ouvrage sur les persécutions dans l'Antiquité, Marie-Françoise Baslez comptabilise plusieurs dizaines d'actions contre les chrétiens émanant des autorités sans compter celles qui les visent en même temps que les Juifs, les astrologues, les Chaldéens, etc., ou celles qui avaient visé les Juifs lors de la deuxième destruction de Jérusalem en 70.

S'il est difficile d'évaluer le nombre de morts et de martyrs chrétiens, on considère que, par exemple, pendant la persécution de 300-303, la province d'Afrique compte environ 200 martyrs, l'Égypte 144, la Palestine 44 pour une seule année. Mais il y a d'autres morts et persécutés que les martyrs. Surtout, perçus comme troublant l'ordre public, les chrétiens vivent dans une insécurité permanente qu'alimente la peur de tout ce qui peut déclencher une persécution quelle qu'en soit l'origine. L'alimentent catastrophes naturelles, incendies, violences urbaines, voire l'irritation ou l'angoisse du prince. Dans *Sur la mort des persécuteurs*, Lactance, le « Cicéron des chrétiens », décrit les origines de la persécution déclenchée par Dioclétien en 299-301.

Dioclétien séjournait à Antioche, préparant une expédition contre les Perses sassanides. Anxieux, il consulte les haruspices selon la loi italique la plus ancienne. Or les entrailles restent muettes, les dieux refusent de donner un signe sur l'issue de la campagne. Une lourde menace pèse ainsi sur les projets de l'empereur. Son haruspice attitré impute le silence des dieux à la présence des chrétiens de la garde et de la Maison impériale qui auraient fait un signe de croix pour désacraliser la scène à laquelle ils assistaient. Ils sont dénoncés et c'est alors que, selon Lactance, Dioclétien en proie à une inquiétude mystique aurait décidé d'épurer l'armée de ses chrétiens, également des manichéens. La persécution s'étend dès le début de 303 : sont prévues la démolition des églises, la destruction des livres, la confiscation des vases sacrés, l'interdiction des réunions, la privation des droits civiques pour les chrétiens notables, la réduction en esclavage pour les membres de la Maison impériale, puis l'incarcération des chefs de l'Église. Suit, à la fin de l'année, une amnistie pour cause d'engorgement des prisons, à condition de faire un sacrifice public. Puis massacre des chrétiens de Nicomédie, d'Irène et d'un groupe de femmes à Thessalonique pour rétention de livres interdits, etc.

Quelques décennies plus tard, comment rendre compte du revirement qui aboutit à ce résultat que le ressentiment des victimes – les chrétiens – les transforme en persécuteurs, non contre l'État et l'empereur, puisque celui-ci s'est converti, mais contre les païens, juifs et plus encore contre des chrétiens comme eux ?

En ce qui concerne les Juifs, définis comme déicides, on y reviendra plus loin, mais rappelons déjà qu'avant la conversion de Constantin en 330 ils avaient été victimes, avec les chrétiens, de persécutions communes, de mesures de clémence communes, sous réserve des rapports conflictuels qu'ils ont déjà eu entre eux.

Fait problème la transformation des chrétiens persécutés en chrétiens persécuteurs de chrétiens. Marie-Françoise Baslez en rend compte par le fait que les chrétiens ne représentent qu'une faction parmi d'autres dans la cité, une menace extérieure à son fonctionnement, alors que, désormais, c'est à l'intérieur de l'Église que se trouvent les factions. Un des premiers exemples est celui des adeptes de l'évêque Donat, qui n'accepte pas que demeurent chrétiens ou soient rebaptisés les *lapsi*, c'est-à-dire ceux qui, pendant les persécutions, ont apostasié en acceptant de brûler de l'encens sur l'autel des dieux païens ou en remettant les livres sacrés aux autorités. Ces « purs » jugent que l'empereur n'a rien à faire avec le christianisme. Pour leur part, ils ont résisté à la persécution, ils ont compté parmi eux des martyrs qui, autant que des résistants, ont été un exemple, des imitateurs du Christ, et ils ont combattu pour leur religion, tels des missionnaires. Or l'Église poursuit ces donatistes car, en Afrique notamment, le plus grand nombre des chrétiens s'étaient reniés, or ils voulaient revenir à leur foi et l'on ne pouvait pas repousser tous ceux qui avaient failli. Ce furent ainsi les donatistes qui furent victimes d'une persécution.

Dans cet exemple, un des premiers, se mêlent ressentiment, exigence de pureté, peut-être aussi relent identitaire, en l'occurrence réaction à la romanisation.

Les juifs et les hérétiques, au Moyen Âge et après

Déicides, responsables de la crucifixion du Christ, les juifs ont traumatisé le peuple chrétien. Déjà ils avaient suscité la colère de l'empereur romain en refusant de sacrifier au culte de sa personne. Mais sous le Haut Empire, renonçant à les assimiler, les empereurs leur avaient accordé des privilèges pour tenir compte des prescriptions de leur religion. Or cela change avec la conversion de l'Empire au christianisme : si Constantin se contente de les stigmatiser, Constant prend contre eux des décisions hostiles puisées dans l'arsenal mis en place auparavant contre les factions. Parallèlement, il interdit aux païens de célébrer des sacrifices. Tournant avec Julien l'Apostat. Pour lui, Jéhovah n'est qu'un dieu ethnique, digne de respect. Il veut désarmer la haine des juifs envers Rome et surtout démentir la prophétie de Jésus assurant que la ruine du temple de Jérusalem serait définitive.

Cette reconnaissance de la judaïté réveille le fanatisme chrétien. En réponse, c'est au tour des juifs de brûler des églises, une première flambée de massacres en est la conséquence. Retour à la persécution avec Théodose qui, en 384, confirme l'interdiction faite aux juifs d'avoir des esclaves chrétiens. Il stipule en outre que les mariages entre juifs et chrétiens seront punis comme adultères. Mais il est précisé qu'aucune loi n'interdit « la secte juive ».

Il reste que, pour l'Église, la persécution des ennemis du Christ était un gage d'identité, une manière de s'en différencier, car les juifs ne pouvaient admettre que le Christ, puisqu'il avait été crucifié, pût être un dieu pour autant que, pour eux, Dieu incarne la toute-puissance. Or, pour l'Église, ce gage d'identité devait conduire les chrétiens à préciser le statut du Juif dans ce monde chrétien. « Ne les tue pas de peur que mon peuple n'oublie, mais que ta Puissance les chasse et les abatte, autrement dit les avilisse. » L'infériorité juive devait constamment être rendue sensible afin de valoriser d'autant l'identité chrétienne.

Pourtant, pendant plusieurs siècles, si l'Église craint la concurrence et l'influence du judaïsme, elle prône certes la séparation des chrétiens d'avec les juifs mais ne cherche pas à les éliminer.

On observe néanmoins, autour du XIIᵉ siècle, un passage de l'antijudaïsme à une hostilité plus radicale, intériorisée dans les milieux populaires surtout, à mesure que l'Église réglemente la vie des chrétiens, multiplie les interdits, notamment sexuels. Le corps impur du Juif qui vit à part risque de contaminer le chrétien. Mais que font donc ces juifs, qui restent entre eux, et tiennent à leurs coutumes ? Les pires fantasmes sourdent de leur renfermement sur soi, suscitant peu à peu la méfiance, la jalousie et la haine[3].

Jusqu'alors, les manifestations d'antijudaïsme avaient été relativement rares, tout comme les persécu-

---

3. Alain Boureau.

tions. Octroyer aux juifs, parallèlement aux interdictions dont ils étaient l'objet, le droit de prêter à intérêt suscita un regain d'hostilité populaire, l'Église faisant valoir que « prêtant à intérêt, les juifs étaient identifiables à un ennemi ». Ils portaient aussi préjudice au Trésor de l'État en prélevant des intérêts qui diminuaient d'autant les revenus imposables. Et « c'est le judaïsme qui leur commandait cette volonté de nuire ». Accusation qu'on ne portait pas envers les Lombards, non juifs ceux-là, et autres prêteurs dans le monde chrétien.

Mais c'est à partir des réformes grégoriennes, et plus encore de la mainmise de l'Église sur les monarchies d'Occident, que les juifs furent « ghettoïsés », se singularisant ainsi d'autant plus qu'ils perpétuaient leurs traditions. Aussi furent-ils les premières victimes des croisades. On les accusa de meurtres rituels, d'empoisonner les puits même lors de la peste de 1348, bref, de vouloir la mort de la chrétienté.

L'impuissance à se venger sécrétait un ressentiment que l'Église entretenait à mesure que son autorité se consolidait, que le monarque devenait son fils aîné. En France par exemple, le bon Saint Louis, « Roi de la mesure et de la prud'homie », dit bien à Joinville que, « lorsqu'un laïc entend un Juif médire de la loi chrétienne, il ne doit pas la défendre autrement que par l'épée qu'il doit enfoncer dans le ventre de son adversaire autant qu'elle peut entrer ».

Génération après génération, l'enseignement de l'Église perpétue ce ressentiment qui se renforce d'autres composantes, en Occident comme dans les pays orthodoxes. En Espagne, face à l'islam et au judaïsme, c'est plutôt l'esprit de croisade qui l'emporte, tandis que, dans les pays méditerranéens, la Grèce et l'Italie, où règne le pape, échappent quelque peu aux formes les plus agressives de la haine contre les juifs. En Languedoc et en Provence, par exemple, où le développement précoce du commerce et du crédit chrétiens avait rendu les juifs moins distincts du reste de la société, on participait certes à l'antijudaïsme de l'Église mais on n'accusa guère de meurtres rituels, la première inculpation ayant eu lieu à Valréas en 1247.

Mais dans le reste de l'Europe, comme l'a montré Léon Poliakov, le sort des Juifs ne cessa de s'aggraver, soit à la suite d'une famine, comme celle de 1315 qui suscite la croisade des pastoureaux, non plus contre les Sarrasins, mais contre les juifs, en Aquitaine notamment ; soit à la suite de la peste de 1348, en Allemagne surtout, où les « trous aux juifs » (les *Judenlachen*) se multiplient.

En Italie, à San Fratello, village de montagne derrière Palerme, on commémore à Pâques depuis ce temps-là les *Diables juifs*. Chaque partie du village joue, l'une la Passion, l'autre les juifs déguisés en diables. À la trompette, ils perturbent le cortège, parmi leurs autres méfaits.

Ces tragédies accélèrent la relégation des juifs dans des ghettos ou leur expulsion, leur repliement sur eux-mêmes. Comme l'écrit Érasme : « S'il s'agit d'un bon chrétien de détester les juifs, alors nous sommes tous de bons chrétiens. »

En Occident, l'accueil réservé à la représentation du *Marchand de Venise*, en 1596, par les juifs d'Angleterre, et repéré par Jean Clavreul, permet de voir d'où sourd le ressentiment, non plus des chrétiens, mais des juifs, et comment il peut se résorber alors que ceux-ci sont confrontés à une situation qu'ils perçoivent comme hostile.

Et dans le drame de Shakespeare, il ne s'agit pas seulement d'antijudaïsme. On se rappelle qu'un riche marchand, Antonio, doit emprunter de l'argent à son ennemi juré Shylock, un usurier juif. Celui-ci accepte de prêter sans intérêt en demandant seulement comme gage de remboursement de la dette qu'il signe un billet donnant au prêteur le droit de prélever une livre de chair sur son débiteur. Antonio accepte, croyant à une plaisanterie, mais lorsque l'échéance arrive et qu'Antonio n'a rien remboursé, Shylock tient sa vengeance et invoque la loi de l'État qu'incarne le Doge pour que le contrat soit respecté. Impuissant à se venger des affronts dont il était abreuvé alors que seule la profession de prêteur lui était autorisée, Shylock se nourrit de son attente, et son ressentiment trouve enfin, croit-il, une satisfaction vengeresse. Sauf qu'un retournement théâtral finit par l'en priver. Car on découvre une autre loi qui interdit de faire couler du sang chrétien, si bien que, pour avoir voulu la violer, Shylock est condamné à se convertir au christianisme.

L'intérêt de cette histoire réside dans le fait qu'à l'issue de sa représentation les spectateurs juifs de la pièce, loin d'en condamner l'essence antijuive, l'accueillirent favorablement. D'abord parce qu'elle prouvait que le juif tenait au respect des contrats plus qu'à l'argent que ceux-ci peuvent rapporter. Surtout, parce qu'au lieu d'être les victimes de lois d'exclusion ils étaient enfin traités comme les autres citoyens de Venise.

Ils n'étaient plus seulement différents des autres, ils pouvaient être à la fois également semblables tout en gardant leurs traditions. Enracinés sur cette terre, leur refus de se convertir allait néanmoins les condamner à vivre dans un ghetto, celui de Venise qui fut ainsi l'un des tout premiers en Europe.

Deux siècles après l'expulsion des juifs d'Espagne et leur éparpillement de Bordeaux à Amsterdam, de l'Italie à la Grèce et au Maghreb, l'idée d'une nationalité juive émergea en Europe centrale et orientale surtout, comme une réaction autant à la laïcisation qu'au développement de l'antisémitisme.

Cette double menace se fit vertu créatrice, les juifs valorisant leur situation en se glorifiant du fait que, sans État, sans terre, dispersés, leur identité s'était perpétuée, et grâce à la foi seule, exemple unique qu'autrefois avait salué l'historien arabe Ibn Khaldoun.

Mais c'est aux pays parlant yiddish que se réduisit l'émergence du projet sioniste, l'idée du retour en Terre sainte, surtout après les pogroms de Russie, de Pologne et d'Ukraine de 1881 à la suite de l'assassinat du tsar « libérateur » Alexandre II par un terroriste qui d'ailleurs n'était pas juif. D'autres militants, plus à l'ouest et au sud, jugent majoritairement, et malgré la montée de l'antisémitisme, notamment en France et en Allemagne, que la mémoire d'un territoire d'origine est bien le seul lien, et ténu, qui unit tous les juifs et qu'ils doivent par conséquent demeurer citoyens du pays où ils résident.

Avec la montée du nazisme et des mouvements fascistes d'Europe centrale et orientale, devenus des parias dans de nombreux pays, bien des juifs se rallient à l'idée sioniste d'un retour en Terre promise.

Un pogrom récent, héritage de l'antijudaïsme

10 juillet 1941. Le massacre des juifs de Jedwabe en Pologne est certes associé à l'irruption de la Wehrmacht en cette partie du pays ancienne russe. Mais le massacre a été le fait des Polonais, d'eux seuls, à qui la Wehrmacht n'avait rien demandé. 1 600 juifs vivaient dans cette bourgade et 7 seulement ont survécu, sauvés par une Polonaise qui habitait le voisinage. Tous les autres ont été massacrés par leurs voisins à coups de pieu, brûlés à l'essence ou noyés dans les marais.

« L'heure est venue de régler leur compte à ceux qui avaient crucifié Jésus-Christ », expliqua l'un des massacreurs après coup, en 1949. « Oui, on nous l'a appris à l'école. » Il confirma que les Polonais avaient agi de leur plein gré, les Allemands assistant en riant au spectacle de ces atrocités et prenant des photos. Quant au curé, appelé au secours par quelques malheureuses victimes, il refusa d'intervenir.

Comme pour être témoins d'un horrible « miracle », nous rapporte Jan T. Gross, auteur de *Les Voisins*, tous ces Polonais, des enfants aux vieillards, hommes et femmes, accouraient le visage en joie pour voir ces victimes que des meurtriers polonais avaient tuées à coups de gourdin.

Apprendre que les juifs avaient crucifié Jésus était bien la première blessure qu'avaient reçue ces Polonais dès leur plus tendre enfance. Héritée de génération en génération, elle avait suscité un désir de vengeance et celui-ci enfin était satisfait.

« On nous l'avait appris à l'école »…

De fait, depuis la Constitution de 1921, l'Église catholique disposait en Pologne de 90 % des subventions accordées aux écoles où l'enseignement religieux était la règle. Encore en 1936, une *Lettre pastorale* du primat de Pologne accusait les juifs de tous les maux. On était loin de l'époque heureuse où, protégés par le monarque, les juifs avaient obtenu de Sigismond-Auguste une charte de protection, moyennant impôt comme il se doit. Avec l'éclatement du pays, au XVIIIe siècle, revenait le temps des persécutions que l'Église catholique avait encouragées en contestant les lois de protection que les juifs avaient obtenues, menaçant de châtiment ceux qui avaient crucifié Jésus, à moins de se convertir.

Sauf qu'à l'école on ne leur avait pas dit que Jésus était juif...

Ce massacre était le signe annonciateur de l'extermination systématique qu'allait perpétrer le pouvoir nazi, facilité par la présence de la Wehrmacht mais d'initiative exclusivement populaire et spontanée.

Ce pogrom était l'exacte et pure expression d'un ressentiment millénaire.

« On nous l'avait appris à l'école. »

Mais en Allemagne aussi bien et pas seulement à l'école pour autant que toute culture enracine l'hostilité aux juifs et la soutient : catéchisme, éducation familiale, prédication... Sur cet antijudaïsme s'est greffé un antisémitisme né pour une part de la démocratisation des sociétés occidentales, à la suite de la Révolution française. La démocratie a en effet permis aux juifs, devenus citoyens, de se disséminer dans la société, d'avoir désormais des activités différenciées – les arts, la littérature, la politique, etc. – et plus seulement les petits métiers ou le commerce de l'argent en rapport ou non avec l'État. Perçus dorénavant comme des concurrents, ils se trouvent être à la fois en dedans et en dehors de la société dans la mesure où nombre d'entre eux gardent en partie ou en totalité leurs traditions, au point que peut naître l'idée qu'ils constituent une race. Ainsi, un antisémitisme plus ou moins raciste peut se surajouter à l'antijudaïsme d'origine qu'avait également sécrété depuis des siècles leur activité de prêteurs.

L'intérêt de l'ouvrage de Jeanne Favret-Saada est de montrer qu'est schématique cette présentation de la relation d'un passage de l'antijudaïsme à l'antisémitisme. Plutôt qu'y voir une succession de deux phénomènes, elle montre que l'héritage culturel de l'antijudaïsme peut survivre comme « une butte-témoin », selon son

La Passion, conservatoire du ressentiment.

© Photo12.com – collection cinéma

expression, au milieu d'une société qui s'est transformée et qui pour une part assume son antisémitisme.

Son argumentation s'appuie sur l'examen du *Mystère de la Passion* tel qu'on le commémore à Oberammergau en Bavière depuis 1634, et qui accède à la gloire internationale au XIXᵉ siècle, attirant plusieurs centaines de milliers de participants – souvent venus d'outre-Atlantique. Dès 1901, le *Mystère* bavarois n'avait pas manqué d'être accusé de célébration antisémite alors qu'à cette date le terme « antijudaïsme » eût été tout autant approprié, encore que la fusion des deux sentiments se fût déjà effectuée. Au lendemain de la Seconde Guerre mondiale, des associations juives américaines et d'autres, non juives, dénoncent ces traits du *Mystère*. Certes, depuis Vatican II, l'Église exprima une repentance sincère, promettant de revoir la formulation des catéchismes et autres sermons. À la quatrième session de Vatican II (1962-1965), Paul VI déclare que « l'Église reconnaît et assume son origine juive ; les juifs, nos frères, ne sont pas responsables de la mort de Jésus-Christ sur la croix ».

Mais sans assumer pour autant le passé de ses relations avec les juifs. De sorte qu'au nom de la tradition à respecter, sauf à quelques détails près, les Oberammergau purent perpétuer l'esprit antijuif de leur Passion. Le spectacle était en effet construit de telle sorte que, pas plus que les Polonais de Jetwabne, les participants ne pouvaient penser que Jésus était juif lui aussi – ce qui exaspérait leur ressentiment contre ceux qui l'avaient crucifié.

De leur côté, malgré cette repentance exprimée par Jean XXIII en Terre sainte, les juifs de la diaspora et d'Israël gardent un vif ressentiment contre la papauté dont le comportement à l'égard des nazis demeure une tâche indélébile. Même si son silence obstiné durant le génocide, bien identifié par le rapport du cardinal Spellmann en mai 1942, s'explique à la fois par sa ferveur pour l'Allemagne et son hostilité au bolchevisme et aux « marxo-démocraties », la blessure demeure. Elle est demeurée vive même si d'autres que les juifs – les Serbes notamment – ont été victimes de ces crimes et de ce silence complice.

Depuis, le ressentiment des juifs a été maintes fois réactivé, notamment par la béatification du pape Pie IX qui traitait les juifs de « chiens », une décision présentée comme une affaire interne de l'Église catholique « qui ne nuit en rien à leur réconciliation avec eux ».

Quant au ressentiment contre les responsables du génocide ou leurs complices – tels les gens de Vichy –, il a pu s'atténuer en ce qui concerne les dirigeants allemands pour autant qu'avec constance, depuis cette tragédie, ceux-ci, de Brandt à Schröder, ont multiplié les signes de repentance et manifesté ainsi que la culpabilité de leur pays ne cessait de les tarauder.

Il n'est pas sûr pour autant que la classe moyenne ou les classes populaires d'un certain âge partagent cette attitude. Se rappelant leurs anciennes victoires et leur gloire retrouvée grâce à leur économie, ils éprouvent rarement de repentir, ils cultivent la confiance en leur force et vivent avec bonne conscience.

Ainsi, en 1958, un commerçant allemand disait à Jean Amery, survivant d'un camp de la mort, « que le peuple allemand ne gardait aucune rancune au peuple juif : il n'en voulait pour preuve que la généreuse politique de réparations menée par le gouvernement auquel l'État d'Israël rend pleinement hommage... Ayant tellement souffert à Stalingrad ou ailleurs, les Allemands ne gardaient rancune ni aux résistants ni aux juifs. N'étaient-ils pas tous des victimes ? *(sic)* ».

C'est alors et alors seulement que ressuscita le ressentiment de Jean Amery, belge, résistant et israélite. Face à l'arrogance de la nouvelle Allemagne, il était à nouveau seul et impuissant.

D'autres meurtrissures ont suivi.

Que la construction du *Mémorial* de l'Holocauste à Berlin a été pour partie confiée à la société qui, pendant la guerre, produisait le Zyclon B, selon le *Frankfurter Rundschau*.

Qu'aux dires du député chrétien-démocrate, Martin Hohmann, le 14 novembre 2003, « les Allemands n'ont jamais eu droit à l'indulgence. La clique dominante des historiens et des hommes politiques s'y oppose de toutes ses forces… oubliant que les juifs aussi ont commis des crimes, que ce sont ces juifs bolcheviks qui ont traumatisé Hitler ».

On reviendra sur ce mythe.

Une croisade contre des chrétiens hérétiques

Pour le catholicisme, l'*hérésie* avait été le principal ennemi à combattre. Il avait fallu plus d'un siècle pour que se constitue le credo unique qui le fondait. Au début du ve siècle, saint Augustin comptabilisait 88 hérésies. « Est hérétique celui qui non seulement est dans l'erreur mais s'y obstine. » Dès l'époque de Constantin, ceux qui refusaient l'autorité des Pères de l'Église étaient poursuivis par l'État avant que, quelques siècles plus tard, l'hérésie ne fût identifiée à un crime de lèse-majesté. Ces hérétiques, tantôt mettaient en doute la réalité de la Trinité, tantôt rejetaient le baptême des enfants, tantôt dénonçaient le pouvoir temporel du pape, tantôt voyaient en lui l'Antéchrist, mais surtout ils condamnaient la corruption de l'Église, exigeant un retour à la pureté des origines. Ils voulaient la purger des plaisirs de la chair, de l'amour de l'argent et du pouvoir.

Tant que ces hérétiques étaient dispersés, le pape et les évêques purent les combattre, mais, dès qu'ils s'organisèrent et disposèrent d'une base territoriale, la hiérarchie ecclésiastique sentit le danger. Il s'agissait des Albigeois du Languedoc, Cathares qui, après les Vaudois un siècle plus tôt, dans la plaine du Pô, prêchaient ascétisme et pauvreté. Avec eux, c'était la première fois qu'un pape, Innocent III, lançait une croisade contre des chrétiens.

Le comte Raymond VI de Toulouse, prince tolérant et ami des troubadours, ne voulant rien entendre de leurs admonestations, les évêques firent appel au pape qui chargea Simon de Montfort, alors au service des Capétiens, d'écraser l'hérésie. C'est en cette occasion qu'après avoir mis Béziers à feu et à sang l'abbé général de Citeaux et légat du pape lança cette parole, vraie ou apocryphe : « Tuez-les tous, Dieu reconnaîtra les siens » (1209).

Cette blessure ne s'est jamais complètement refermée.

La croisade des Albigeois permit au roi Louis VIII d'achever la soumission du Languedoc et de l'intégrer au domaine royal. Cette intégration forcée fut à l'origine d'une réaction identitaire des gens de ce Midi-là contre le Nord du royaume.

En guise de croisés, il avait vu déferler des conqué-
rants de toutes origines, dénommés « chevaliers teutoni-
ques » sur l'inscription d'un petit cimetière à Auvezines,
près de Revel où, prétendument dix mille d'entre eux
furent massacrés. Rêve de vengeance imaginaire, ressentiment inscrit dans la pierre.

À celui qu'avait suscité la répression cathare se
substitua ultérieurement, en Aquitaine, le ressentiment des Tuchins, paysans révoltés contre les trop
lourds impôts levés par un monarque, Jean dit « le
Bon », qui étalait ainsi son ingratitude à leur égard,
eux qui, au temps de l'occupation de la région par les
Anglais, avaient témoigné de leur loyauté envers le roi
de France. Puis, au XVIe siècle, l'ordonnance de Villers-
Cotterêts, édictée par François Ier, interdit l'utilisation
de la langue occitane – la leur – dans les actes
administratifs...

De l'antihérésie à l'antiprotestantisme

L'accumulation de ces agressions rend compte du
fait que le message protestant a été mieux reçu
qu'ailleurs dans le Midi où avait pris racine un certain
anticléricalisme à la suite de ces autres violences commises depuis l'Inquisition. Et lorsque Louis XIV révoque
l'édit de Nantes, en 1685, il déclenche une insurrection
dans les Cévennes, dite « des Camisards ».

Ainsi d'un bout à l'autre de son histoire, depuis
l'époque du bûcher de Monségur où avaient été brûlés
vifs 225 fidèles cathares en 1244, jusqu'à la dispersion
des synodes du Désert où des pasteurs s'efforcent de
maintenir la flamme du protestantisme, l'Occitanie s'est

sentie victime de l'absolutisme monarchique comme de l'absolutisme catholique, décidément associés.

De fait, et jusqu'à la Révolution, le Languedoc est bien la province qui manifeste le plus de rancœur contre la monarchie. Les calculs de Jean Nicolas attestent qu'à lui seul le bas Languedoc a connu 839 rébellions, ce qui, en y ajoutant le haut Languedoc, place la province entière loin devant la Bretagne (736) ou l'Île-de-France (808).

En 1907, l'image de la croisade revient avec la crise agricole. Les viticulteurs évoquent « l'égoïsme féroce des betteraviers du Nord qui sacrifient le Midi, en dignes descendants de Simon de Montfort ». Sur une banderole, on lit : « Tous au drapeau de la viticulture, comme au temps de l'antique croisade, notre armée campe au pied de Carcassès. Cause noble, cause sainte. Nos ancêtres tombaient en héros pour la défendre. Viticulteurs, mes frères, vous serez dignes d'eux. »

Durant les années 1960 la renaissance du mouvement occitan s'est manifestée de Toulouse à Tarascon, des flammèches ardentes sont réapparues au Larzac après 1968 quand l'État a voulu se saisir de terres pour les donner à l'armée. Et aujourd'hui, c'est à partir de Millau, au pied du Larzac, que José Bové lance son combat contre les excès du libéralisme.

C'est donc un ressentiment de longue durée, ici aussi, qui a sécrété la revalorisation d'une culture propre face à la violence vulgaire du Nord, depuis l'art des troubadours jusqu'à l'apparition du mouvement félibrige de Frédéric Mistral, au XIXe siècle, et le renforcement d'une conscience régionale.

Un des mérites de l'ouvrage de Philippe Joutard sur les Camisards a été de montrer que dans les Cévennes a survécu par la tradition orale une certaine sensibilité à ce passé. Certes, depuis le XVIIIe siècle, des querelles d'interprétation savantes ont animé bien des débats entre catholiques et protestants. Mais, par-delà ces réminiscences, cette mémoire est demeurée un souvenir de famille qui, depuis 1702-1704, est passé de bouche en bouche. Il s'agit de la lancinante manifestation d'un ressentiment qui s'exprime sous des formes variées mais toujours contre l'État centralisateur. Symboliquement la Cévenne et le Rouergue se veulent terres de refuge ou de résistance, qui tendent la main sous l'Occupation à bien des réfugiés et autres réfractaires du STO (Service du travail obligatoire) et comptent de nombreux maquis.

C'est seulement avec l'édit de tolérance de Malesherbes, en 1787, que l'ensemble des protestants de France purent croire qu'ils étaient complètement réintégrés dans la communauté nationale. Leur culte fut officiellement reconnu par Bonaparte en 1802.

Toutefois, le ressentiment des catholiques cette fois se revivifia à son tour pour autant que l'Église réformée pratiqua, après 1815, un certain prosélytisme. Les sciences historiques étaient alors en plein essor, elles ressortirent le dossier du « temps des troubles », que nous appelons aujourd'hui « guerres de religion ». À l'époque, Montaigne avait une intelligence vive des événements, lui qui écrit « qu'en ces divisions de la France, chacun travaille à défendre sa cause [...] avec déguisement et mensonge ». Au vrai, derrière le conflit religieux sur la lecture de la Bible, le comportement du clergé, et Dieu sait quoi encore, les uns et les autres visaient le pouvoir royal dont les protestants mettaient en cause la nature, tandis que les catholiques condamnaient son indépendance croissante vis-à-vis de l'Église et du pape.

Au XIXe siècle, la polémique antiprotestante renaît, mais sous une autre forme. Elle porte moins sur les pratiques de la foi ou du pouvoir, monarchique jusqu'en 1848, impérial jusqu'en 1871, puis républicain, que sur l'identité de la nation-France, fille aînée de l'Église pour les uns, fille de la Révolution de 1789, pour les autres.

Au lendemain de la débâcle de 1870-1871, l'extrême droite, animée par Charles Maurras, ressuscite les diatribes haineuses contre les protestants. Certains quotidiens, tels *Le Pays*, *La Délivrance*, considèrent que les protestants sont « des étrangers de l'intérieur » qui participent à une sorte de complot contre la nation. De Wycliff à Luther, leurs idées ne viennent-elles pas des pays qui sont nos ennemis ? Les protestants, explique aussi Maurras, constituent un État dans l'État, leur cosmopolitisme est aux antipodes du sentiment national. Ils privilégient l'individu et l'universel au détriment de la communauté nationale, ajoute Maurice Barrès.

« Que les protestants s'en aillent », écrit carrément Émile Zola en 1881. « Ils colonisent la nation, pervertissent son âme, en s'engageant en masse dans l'école laïque »… Une masse toute relative, notons-le, puisqu'ils constituent 2 à 3 % de la population… Quand deux ou trois d'entre eux sont ministres vers 1880 – l'ingénieur Freycinet et le diplomate Waddington – « ils sont partout », écrit *L'Action française* de Maurras. Ce sont les mêmes invectives qu'on retrouve bientôt à l'encontre des israélites, dénommés « juifs » pour mieux marquer les esprits. C'est l'époque de l'affaire Dreyfus dont les défenseurs sont souvent alsaciens, comme lui, ou protestants et doublement soupçonnables. Mais qui comptent aussi parmi eux Émile Zola, qui a rallié le camp des Droits de l'homme.

Or, il n'y avait pas plus de complot protestant qu'il n'y eut de complot juif comme l'inventaient purement et simplement *Les Protocoles des sages de Sion*, un faux procès-verbal du congrès des sionistes de 1897 où ceux-ci auraient élaboré un plan de domination mondiale – un faux rédigé par la police tsariste.

À la fin de la Première Guerre mondiale, on peut estimer, avec les sociologues Bauberot et Zuber, qu'entre catholiques et protestants, en France, « la haine est oubliée ». Mais endormi, le ressentiment contre les protestants ressurgit sous l'Occupation, émanant des fascistes français.

Lorsqu'on apprend, en 1941, qu'au nom du Conseil national de l'Église réformée le pasteur Boegner mani-

Réciprocité du ressentiment. Victimes des catholiques,
les protestants brûlent des catholiques à leur tour.

41

feste l'indignation de la conscience chrétienne devant les mesures prises par le gouvernement de Vichy contre les Juifs, *Le Pilori* écrit : « Incroyable, mais vrai... Une lettre inadmissible du chef de l'Église protestante... Ce chrétien ne peut ignorer quels furent les assassins du Christ. » L'article propose que le pasteur, traître à la cause de la France et saboteur de l'œuvre du maréchal Pétain, partage le sort de ses « frères juifs ».

Depuis, chez les protestants français, au souvenir des persécutions anciennes, des soupçons renouvelés, des mesures vexatoires émanant du clergé catholique, et bien que ces dernières soient en voie de disparition depuis Vatican II, qui peut dire qu'il ne demeure pas chez eux une ombre de ressentiment ?

Hors de France, il resterait à ouvrir un dossier comparé de la situation au Québec et en Irlande du Nord où le problème identitaire et la question sociale interfèrent avec le problème religieux. Au moins, dans ces deux démocraties, le dialogue a fini par se nouer. Même si survit, comme en France, la réciprocité des ressentiments.

Révolutions :
la part du ressentiment

Dans quelle mesure les révolutions constituent-elles l'une des expressions extrêmes du ressentiment ? Voilà une question d'évidence qu'accompagne cette constatation : la mutation de la révolte, fût-elle aristocratique en 1789 ou bourgeoise en 1917, en révolution se comprend comme leur greffe sur la rébellion séculaire des classes populaires.

L'identification de la part du ressentiment dans ces événements apporte-t-elle un complément d'intelligibilité à des phénomènes perçus avant tout comme des conflits entre ordres ou entre classes ?

Ces révolutions ont vu leurs protagonistes compter un moment sur le monarque, tant en 1789 qu'en 1905, pour mettre fin aux souffrances et à la colère qui en ont été à l'origine. Mais ce moment n'a pas duré. Rapidement, la violence s'est généralisée et a tout submergé. Elle fut d'abord une conséquence de la désillusion suscitée par le comportement du monarque refusant que l'absolutisme fût mis en cause, ou l'ordre social renversé. Ensuite, cette violence a été l'expression d'un ressentiment d'où jaillit cette idée que rien ne saurait plus entraver une régénération dont le drapeau était désormais brandi.

On retrouve ces traits et les liens qui les unissent dans ces deux révolutions.

France 1789-1793 : contre le roi,
contre les aristocrates, contre les riches

Dès 1789, François-Noël Babeuf – dénommé plus tard Gracchus – écrivait à sa femme, horrifiée par les massacres du conseiller d'État Foulon, accusé d'avoir spéculé sur les grains, de Launay, gouverneur de la Bastille, de Flesselles, prévôt des marchands, le 14 juillet : « Je comprends que le peuple se fasse justice, j'approuve cette justice lorsqu'elle est satisfaite par l'anéantissement des coupables mais pourrait-elle aujourd'hui n'être pas cruelle ? Les supplices de tout genre, l'écartèlement, la torture, la roue, les bûchers, le fouet, les gibets, les bourreaux multipliés partout nous ont fait de si mauvaises mœurs... Les maîtres, au lieu de nous policer, nous ont rendus barbares parce qu'ils le sont eux-mêmes. Ils récoltent et récolteront ce qu'ils ont semé car tout cela, ma pauvre femme, aura, à ce qu'il paraît, ses suites terribles : nous n'en sommes qu'au début. »

Depuis deux ou trois siècles, l'accroissement des pouvoirs de l'État et la violence du système féodal avaient croisé leurs effets, créant un sentiment d'arbitraire contre ceux qui en étaient à l'origine. En 1789 quand, à la suite de la crise financière et de la révolte nobiliaire, Louis XVI suscite la rédaction des Cahiers de doléances qui doivent préparer la réunion des États généraux, le monarque est en quelque sorte perçu comme l'arbitre rédempteur.

« Voici donc arrivé le jour de la colère, notait un libelle, *Dies irae ou les Trois Ordres au jugement dernier*, le jour de la justice et de la vengeance. Lorsque le roi investi de son peuple viendra sur le trône de la vérité tout examiner, tout fonder, tout réformer, tout régénérer. D'un côté, on verra la bassesse de la rapacité des nobles, l'hypocrisie et l'avidité des prêtres, et ce que le peuple a essuyé d'humiliations, de vexations, d'injustices[4]. » Selon un Mémoire anonyme, on persuada les habitants du Limousin que le bon roi était venu en sabots et en habits de paysan, s'était présenté à l'église au banc d'un seigneur qui l'avait chassé honteusement, ce qui était cause que le roi ordonnait à tous ses sujets du tiers état de brûler ces bancs, puis il aurait donné l'ordre de brûler les titres, etc.

La formation intellectuelle des rédacteurs des *Cahiers*, note Jean Nicolas, petits notables, tabellions chargés de la garde des actes publics, gens de loi, vicaires et curés, ceux-ci plus ou moins imprégnés de gallicanisme ou de jansénisme, globalement contestataires, devait au moins autant à leur pratique sociale et à leur environnement qu'aux théories des philosophes et économistes. Ils avaient fait leur apprentissage politique sur le terrain, ils connaissaient donc parfaitement ce qu'avaient de périmé les anciennes structures. « Aussi entraient-ils sans effort dans les vues des populations consultées dont les griefs recoupaient leurs propres ressentiments[5]. »

---

4. Cité par de Baecke, p. 215-216.
5. Jean Nicolas, p. 540.

« On ne dira plus "si le Roi savait, si le Roi savait". Le Roi, le meilleur des Rois, le père d'une grande et sage famille saura. Tous les vices seront détruits. L'heureuse, la vertueuse industrie, la probité, la pudeur, l'honneur, la vertu, le patriotisme, la douceur, l'égalité, la concorde, le travail, la pitié, l'économie, toutes ces belles vertus seront honorées, la sagesse enfin régnera seule. L'amour réciproque des Princes et des sujets va élever ce trône seul digne du Roi des Français. »

Ce *Cahier* d'une petite commune près de Saintes ne dit pas seulement « la bonne nouvelle », ce monde qui va changer, il confirme l'attente que le souverain ne saurait qu'y souscrire, incarner et diriger le changement.

Or, après cet appel à la nation, si riche d'espérances, son comportement ne fut plus celui que la terre française attendait. Certes, il doubla la représentation du tiers état, laissa les États généraux se transformer en Assemblée constituante, mais perpétua le vote par ordre – à quoi servait alors le doublement du tiers état ? Et de concessions en reculs, de reculs en concessions, il apparut que, malgré une certaine bonne volonté et en dépit ou à cause de sa faiblesse, il finissait par se rallier à ceux qui « l'invitaient à ne pas céder au mouvement ». Plus tard, en refusant de ratifier la constitution civile du clergé que bien des curés avaient acceptée, en voulant garder un droit de veto sur les projets des assemblées, il suscita la méfiance d'une partie des classes populaires à Paris. Sa fuite à Varennes, en juin 1791, consommera la rupture du fil d'amour qui unissait le monarque à la nation.

Mais tout cela était, bien sûr, « la faute aux aristocrates ».

De fait, dès avant ces événements, dans les *Cahiers* de 1789, s'était exprimée la rancœur du plus grand nombre contre les privilégiés. Les habitants d'un village, près de Cézanne, par exemple, réclament la fin de la société à ordres et un droit égal pour tous. « Nous, pauvres habitants, c'est nous qui de gré ou non, servons le Roi et la patrie. C'est nous qui payons les canons, les fusils, la charge du logement des gens de guerre sans avoir l'espoir de voir nos enfants parvenir aux grandes charges militaires, la porte leur en est fermée. »

Sans doute, le refus de payer certains impôts ne datait pas de la rédaction de ces *Cahiers*. Mais le soulèvement de Paris fit, en quelque sorte, tâche d'huile, et dans les campagnes la rumeur d'un complot aristocratique, une fausse nouvelle plausible, suscita la « Grand-Peur ». Les paysans s'attaquèrent aux châteaux pour y brûler les terriers, ces documents où se trouvaient inscrits les redevances à payer aux seigneurs. Ce soulèvement prenait le relais d'un demi-siècle d'émeutes, dès que sembla menacée l'abolition des droits féodaux.

La concordance des dates montre bien que l'élan généreux et la clairvoyance des nobles libéraux furent bien l'effet de cette « Grand-Peur », suscitant la « nuit du 4 août » où furent abolis un grand nombre de privilèges. C'est « un événement sans équivalent dans l'Histoire, car cette décision de rompre le lien entre propriété féodale et propriété tout court fut irréversible[6] ».

Or, le refus de payer ne figurait qu'un aspect du ressentiment de la paysannerie. Ce sont les atteintes à la dignité auxquelles elle entendait mettre fin.

---

6. François Furet.

Déjà, elle voulait détruire tous les symboles de la supériorité nobiliaire, s'en prenant aussi bien aux bourgeois vivant noblement. Par exemple, en pays de Bray, beaucoup de nobles furent poursuivis parce qu'ils voulaient conserver leurs bancs réservés à l'église. Les incendies de bancs furent donc nombreux, mais aussi les girouettes de châteaux détruites, entre autres symboles. Après la nuit du 4 août, le vieux mythe du monde renversé avait suscité un espoir fou, elle avait été pour ainsi dire magique : « Madame, écrit le régisseur de la duchesse de Brancas, le peuple est le maître, il est trop éclairé. Il connaît qu'il est le plus fort[7]. »

En outre, aux griefs de la paysannerie contre l'aristocratie s'ajoutaient ceux des bourgeois vivant noblement.

« La formidable explosion de ressentiment contre la noblesse et son mode de vie, au moment de la Révolution française, écrit Max Scheler, serait absolument inexplicable si cette noblesse n'avait été envahie par la roture bourgeoise qui, en acquérant des terres des nobles, s'était arrogé leurs titres... Ce nouveau sentiment d'égalité, chez l'arriviste, à l'égard de la classe dominante, explique la violence de ce ressentiment. »

Aux États généraux comme à l'Assemblée constituante, cette frontière entre nobles et bourgeois transgressait la division par ordres, puisque 58 délégués du tiers état appartenaient à la noblesse héréditaire (Chambord, Mirabeau, etc.). D'autres avaient été récemment anoblis ou étaient liés à des familles nobles, ou du pre-

---

7. *Ibid.*, p. 218.

48

mier ordre – le clergé – et ne se sentaient pas moins victimes eux aussi de discriminations.

L'intérêt du jugement de Max Scheler est de mettre l'accent sur l'écart, faible selon cette approche, entre la noblesse héréditaire, les anoblis et autres bourgeois vivant noblement : ce qui suscite chez ceux-ci un ressentiment à la mesure des humiliations qu'ils ont pu subir. Madame Roland se plaint, qu'ayant été retenue avec sa mère à dîner au château de Fontenay, on les servit à l'office. Barnave reconnaît qu'il devint révolutionnaire le jour où un noble expulsa sa mère de la loge qu'elle occupait au théâtre de Grenoble. Bergasse ne put être présenté au roi sans produire des quartiers de noblesse remontant au XIVe siècle. L'avocat Mounier parle d'exclusions humiliantes, accrues lors de la réaction nobiliaire des années 1780, « toutes portes d'honneur étant closes pour le Tiers État ». Dubois-Crancé, dont le père avait été anobli, ne pardonna pas le mépris des courtisans de Versailles à son égard quand il était mousquetaire. Pierre-Louis Rœderer ne put acheter une charge de maître de requêtes parce qu'« il n'avait pas les quartiers de noblesse suffisants »... « Rabaisser le caquet de la noblesse, quelle déception de ne pas en avoir été le témoin », écrit Campmas à la fin de l'été 1789. « Cette canaille à blasons devrait être humiliée », écrit Gallot à sa femme.

Mais l'expression de ces sentiments n'est pas apparue subitement. La grande bourgeoisie ne se sentait pas unie à la noblesse au sein d'une même élite, malgré des fortunes qui pouvaient, à défaut d'être voisines, n'en être pas moins conséquentes. Mais là ne se trouvaient pas les origines de la rancœur contre la noblesse héréditaire. Ces racines étaient anciennes, Gaultier de Biauzat le dit clairement : il a toujours été indigné par « les iniquités et autres comportements vexatoires ». S'il ne les a jamais dénoncés, c'est par « crainte des coups à redouter sous l'ancien empire des abus ». Il avait une famille à protéger et ne pouvait braver « ces riches égoïstes ». C'est seulement quand le roi a demandé aux Français d'exprimer leurs sentiments qu'il put faire part des « siens propres ».

Les fureurs paysannes contre l'ordre aristocratique et les excès du pouvoir monarchique, tout comme la rancœur de la noblesse contre l'ingratitude du monarque qui se révèle cent cinquante ans après la Fronde, voilà des phénomènes qui s'enracinent dans un passé lointain. Le mot « ressentiment » apparaît dès 1593 dans *Le Dialogue du Français et du Savoysien*, associé au mécontentement de la noblesse héréditaire de voir entrer des bourgeois dans son corps : « Le ressentiment de la douleur qu'ils (les princes) avoyent de se voir ainsi mesprisez (par le roi) pour donner lustre à l'agrandissement de ces nouveaux venus[8]. »

Voir « polluée » l'identité du groupe suscite du ressentiment, cette fois chez la noblesse, contre les tard venus et les responsables de cette greffe. On retrouvera ce trait...

Mais une blessure d'une nature nouvelle allait s'ouvrir au sein même de ceux qui animaient le mouvement de la Révolution. Elle allait en réveiller d'autres, ce qui ne manqua pas d'avoir des effets sur le cours des événements.

---

8. R. de Sulinge, cité *in* Vaken, p. 145.

Naguère, dans un travail sur la révolution de 1917, nous avions pointé le rôle spécifique des avocats et des juristes à l'orée de la chute du tsarisme – Kerenski, Nabokov, Godnev, Lénine – comparable à celui des premiers révolutionnaires en 1789 – Desmoulins, Le Chapelier, Danton, Robespierre, etc. Nous avions fait valoir que leur profession les prédisposait à mieux connaître les problèmes de la vie quotidienne des gens, d'être ainsi plus à leur écoute que les hommes de lettres ou les « philosophes ». Ils étaient mieux à même de donner au mouvement de la Révolution le sens qu'elle eut à ses débuts : mettre fin aux injustices, aux abus et aux privilèges, aux atteintes à la dignité.

Les travaux de Timothy Tackett permettent de mieux cerner cette hypothèse. D'abord, il montre qu'en 1789 les élus écrivains ou philosophes sont très peu nombreux. Condorcet battu à Paris doit se faire élire ailleurs, comme Marmontel et d'autres. Bailly parle « d'une grande défaveur dans l'assemblée pour les gens de lettres et académiciens ». Mais plus encore, l'enquête de Tackett témoigne de la prééminence des hommes de loi, soit 218 magistrats et autres avocats, ce qui rend compte de la domination du tour d'esprit juridique sur les débats de l'Assemblée constituante. Cela fait apparaître aussi l'existence d'une sorte de frontière sociale entre ceux-ci et les bourgeois d'affaires ou autres anoblis évoqués plus haut. D'ailleurs, l'examen de leur dot de mariage atteste que, sur cinquante dossiers du tiers état, deux seulement (Armand-Gaston Camus, l'un des premiers présidents de l'Assemblée nationale constituante, créateur des Archives nationales, et Mougins de Roquefort) bénéficiaient d'une dot coquette de quarante mille livres, celle du plus grand nombre des avocats et juristes étant quatre à cinq fois moins élevée. Figurant parmi les élus aux revenus les plus modestes – avec ceux du bas clergé, encore plus démunis – ces avocats et juristes sont de loin les plus actifs des orateurs. C'est parmi eux que se trouvent bientôt les plus vindicatifs. Surtout, il est significatif qu'après s'en être pris à « l'aristocratie des privilèges » ils dirigent leur vindicte, tels Robespierre et Marat, contre « l'aristocratie de l'argent ». « Quelle sera votre Constitution ? interroge Robespierre au club des Jacobins. Une véritable aristocratie, car l'aristocratie est l'État où une fraction des citoyens est souveraine et le reste sujet. Et quelle aristocratie ? Est-ce pour retomber sous le joug de l'aristocratie des riches qu'on a brisé le joug de l'aristocratie féodale ? »

Au vrai, la majorité des députés du tiers état, à l'exception de ces petits officiers, avocats, etc., était composée de personnalités aisées qui, aux États généraux, avaient été déjà humiliées d'avoir dû se vêtir de noir vis-à-vis des costumes chamarrés des membres des deux autres ordres. Pour leur part, ils n'avaient pas de liens immédiats avec les classes populaires.

En outre, aux États généraux comme aux assemblées qui en émanèrent, il n'y avait ni artisans, ni petits commerçants, ni paysans.

C'est ce Paris populaire et laborieux qui avait pris la Bastille, ramené le roi de Versailles les 5 et 6 octobre, stigmatisé sa fuite à Varennes, signe de sa duplicité. N'était-ce pas trahison que s'être ainsi rapproché des frontières, de ces ennemis bientôt déclarés de la Révolution ? Quand la nation fut en état de guerre avec une coalition de ses voisins orchestrée par le beau-frère du roi, la conjuration apparut en clair tandis que les tergiversations du souverain signaient sa félonie : il résistait aux décisions de l'Assemblée alors que la patrie était menacée. Les menaces d'invasion dressèrent ainsi le peuple contre le monarque. Le soulèvement populaire du 10 août 1792 achevait ainsi ce que Varennes avait amorcé.

Mais tout autant que la chute de la monarchie, le 10 août marquait l'émergence d'un pouvoir populaire nouveau, la Commune de Paris, émanation des autorités municipales où les contestataires des clubs avaient pris le dessus sur les élus d'origine. « On ne peut casser la Commune sans frapper le peuple », disait Tallien, son greffier, en écho aux anathèmes lancés contre le roi et l'Assemblée législative par Robespierre, Marat, Danton. Ce pouvoir populaire qu'incarnait désormais Danton mettait en cause, ce qui était nouveau, l'Assemblée législative, élue de la nation, élue censitaire il est vrai, c'est-à-dire des riches...

C'est sous ce règne qu'une vague de terreur criminelle gagna la capitale dès qu'en forçant l'assemblée on eut emmené le roi du palais des Tuileries à la prison du Temple. L'obstacle symbolique que le monarque représentait avait disparu. Rien ne freinait plus la part de violence retenue jusque-là. Colère et vengeance visent les aristocrates et, cette fois, les prêtres réfractaires qui refusaient la constitution civile du clergé. Certes, il y avait déjà eu des violences et des crimes, lors de la Grand-Peur notamment, cette rumeur d'un complot aristocratique qui suscita en juillet 1789 pillages, émeutes, attentats, incendies un peu partout dans le pays. Mais ils avaient été spontanés, alors qu'en septembre 1792 les massacres apparaissent coordonnés par des activistes issus plus ou moins d'un comité de surveillance de la Commune. Si ce comité était fictif, ces activistes étaient de véritables tueurs émanant de la foule et du faubourg. Et les chantres jacobins, qui avaient à leur manière sonné le tocsin et qui étaient devenus, tel Danton, l'incarnation de la Commune, gardèrent les yeux mi-clos devant ces horreurs.

Pourtant, spontanément, la province avait même précédé les atrocités parisiennes. Deux prêtres avaient été massacrés dans l'Orne le 19 août, un autre dans l'Aube, un huissier à Lisieux. Dans les Bouches-du-Rhône, l'assemblée électorale applaudit vivement la nouvelle des massacres de Paris. Les maisons appartenant aux ordres religieux supprimés furent évacuées et mises en vente.

Les villes connurent alors une terreur qui ne visait plus seulement les belles demeures et les châteaux, mais les riches, comme l'avaient souhaité Marat et Robespierre, ou ceux qui, au vu de la pénurie alimentaire, pourraient le devenir, les accapareurs. Bientôt, à Paris comme ailleurs, comités de surveillance et autres tribunaux extraordinaires définissent, arrêtent et condamnent des suspects.

Et c'est bientôt à la Convention élue en septembre 1792 de vouloir prendre en mains ce contrôle de la société. De sorte que la terreur se fit saisir par en haut, avec son Comité de salut public et son Comité de sûreté générale, absorbant peu à peu les attributions de la Commune.

Désormais, dénonciations et suspicions font rage, nourries par toute une chaîne de ressentiments, de vengeances personnelles se dissimulant derrière le Bien public ou la Vertu. Camille Desmoulins, qui fut exécuté à son tour comme bien d'autres députés, a décrit cette atmosphère délétère en empruntant ses traits à un texte de Tacite :

« Un citoyen a-t-il de la popularité ? C'était un rival du Prince, qui pouvait susciter une guerre civile – Suspect.

« Fuyait-on au contraire la popularité et se tenait-on au coin du feu ? Cette vie retirée vous fait remarquer, vous fait donner de la considération – Suspect.

« Êtes-vous riche ? Il y a un péril imminent que le peuple ne fût corrompu par vos largesses – Suspect.

« Êtes-vous pauvre ? Comment donc, il faut surveiller cet homme de près. Il n'y a personne d'entreprenant comme celui qui n'a rien – Suspect. »

Ainsi s'élargissait le champ d'action des ressentiments, des envies, des vengeances. Chacun pouvait devenir un privilégié aux yeux de son voisin.

Mais les formes que prirent les violences, et ceux qui en furent les victimes, obéirent également à une autre motivation qui marque un *changement* dans le cours de la Révolution. On en repère l'apparition dans la nature du discours que tint un jeune avocat inconnu, à peine sorti de l'adolescence, Saint-Just, lors du procès du roi. Ses propos furent foudroyants.

La veille, un député avait fait valoir qu'en l'absence de loi sur le statut de la monarchie ce procès était impossible. Fauchet expliqua que le supplice de Louis XVI provoquerait une réaction de pitié. Rouzet rappela que Louis XVI avait pris des ministres philosophes, convoqué les États généraux, aboli l'impôt de la mainmorte dans ses domaines. Saint-Just leur répondit :

« Certes, le Roi pouvait être jugé au regard du droit. Mais il ne s'agissait pas d'un procès à faire mais d'un acte politique. Le Roi n'était pas un accusé, mais un ennemi. Du seul fait qu'il règne, il est coupable. Il a combattu le peuple, il est vaincu. C'est un étranger prisonnier de guerre. Vous avez vu ses desseins perfides : il est le meurtrier de la Bastille, du Champ de Mars, des Tuileries. Quel ennemi, quel étranger vous a fait plus de mal ? »

L'intérêt de ce texte, c'est sa nouveauté, il se place sur un tout autre terrain que celui des orateurs de 1789. Il ne s'agit plus de mettre fin à l'arbitraire, de soulager le peuple malheureux, de faire appel à l'équité. Il s'agit d'un acte politique qui donnera un sens à la victoire et permettra d'aller plus loin. Il ne s'agit pas d'être équitable, il s'agit d'être efficace. D'éliminer les obstacles qui barrent la route au progrès de la Révolution.

Pour que la Révolution puisse accomplir son œuvre, c'est-à-dire contribuer à la régénération de la société, il ne suffit pas d'avoir anéanti les privilèges, objet de tous les ressentiments, mais également d'éliminer tous les symboles et les signes de l'ancien système féodal, notamment ces monuments « élevés au préjugé et à la tyrannie ». Une sorte de rage dévastatrice, un vandalisme stigmatisé par l'abbé Grégoire, courut le pays, détruisant bustes sacrés et bibliothèques comme tous les autres emblèmes du passé. Les cloîtres et autres lieux de culte ne sont pas épargnés, leur destruction étant liée à la déchristianisation. Jusqu'aux parcs dont on abattait les orangers, fruits de luxe, « car les Républicains ont besoin de pommes ».

Mais ce passé et les inégalités dont on voulait se débarrasser s'incarnaient aussi dans le savoir de ces élites contre qui s'acharne le ressentiment de ceux qui ne savent rien. Les « hommes à talent » furent ses victimes : Lavoisier, une des premières, puis Condorcet qui, persécuté comme girondin, se suicida après avoir écrit un hymne à la gloire de la Révolution, *L'Esquisse d'un tableau de l'esprit humain*.

On identifia ainsi le vandalisme à la terreur, plus encore à Robespierre qui incarna ainsi « la barbarie, l'ignorance ». Ce qui faisait problème, car ces barbares étaient ainsi non plus l'étranger, l'ennemi, l'aristocrate, mais une canaille intérieure, celle-là même qui avait contribué au succès de la Révolution.

Au ressentiment contre les privilégiés avait fait place une fureur vengeresse contre tout ce qui était censé faire barrage à une régénération intégrale. L'égalitarisme prenait le pas sur l'aspiration à la liberté, à l'équité. Les tenants de la démocratie mettaient en cause toute trace de supériorité. Le ressentiment contre les élites devint ainsi l'enfant adultérin de ces différents croisements.

« Les gens qui savent, tous des canailles », disait à son tour Maxime Gorki, à l'heure de la révolution en Russie.

Le corps des élites a ainsi changé de vêture et, depuis, c'est en partie contre elles que s'exprime le ressentiment, quelle que soit leur origine : naissance, argent, mérite, compétence.

Russie 1917 : une révolution intégrale

Dans son élan, la révolution de février 1917 fut la plus intégrale de tous les temps. Pourtant, la postérité a retenu comme telle la révolution d'Octobre parce que celle-ci a duré. Également parce qu'elle a inscrit dans l'Histoire le projet socialiste, c'est-à-dire une transformation de la société au vu de la Raison héritée des Lumières.

Il reste que, dans sa spontanéité, la révolution de février fut la réponse immédiate à des aspirations que portaient en elles les populations de Russie.

Mais seulement de Russie ?

On en jugera.

À Moscou, des travailleurs obligèrent le patron de leurs usines à apprendre les fondements d'un futur droit ouvrier. Aux armées, les soldats invitaient leur aumônier à assister à leurs réunions, pour qu'elles donnent un sens à sa vie. Dans la province de Penza, les moujiks demandaient à leur propriétaire combien il avait d'enfants, pour pouvoir partager équitablement ses terres. À Odessa, les étudiants de l'université dictaient à leur professeur d'histoire ce que devait être le programme de leurs études.

Il n'était pas jusqu'aux enfants qui n'aient revendiqué, « pour les moins de quatorze ans, le droit d'apprendre la boxe pour se faire entendre des grands ».

C'était le monde renversé.

Ce fut la suite de quelques événements mémorables.

Dès la chute du tsar Nicolas II, après les cinq jours où la capitale s'était soulevée contre l'autocratie, la pénurie, les défaites, et où les soldats désobéirent à leurs officiers en refusant de tirer sur les manifestants, le pays tout entier fut agité par une effervescence frénétique et enthousiaste sans pareille.

En quelques semaines, la société se débarrassa de tous ses dirigeants : le monarque et ses hommes de loi, la police et les prêtres, les fonctionnaires et les patrons... Chaque citoyen se sentit libre, libre de décider à chaque instant de sa conduite et de son avenir.

Comme les chantres de la révolution l'avaient annoncé, on entrait dans une ère nouvelle de l'histoire des hommes.

Un immense cri d'espérance jaillit de toutes les Russies. Nous-mêmes avons dépouillé les milliers de télégrammes – jamais ouverts – reçus par le gouvernement provisoire et le soviet de Petrograd pendant les toutes premières semaines de cette révolution. Il s'y mêlait la voix de tous les malheureux, de tous les humiliés. Ils révélaient leurs souffrances, leurs espoirs, leurs rêves. « Non, monsieur Kerenski, nous n'en pouvons plus... »

Et, comme dans un rêve, cette société vécut alors quelques instants inoubliables.

Ce bouleversement avait été précédé par un siècle et demi de révoltes paysannes qu'avait annoncées l'insurrection de Pougatchev. Petit propriétaire terrien, celui-ci se proclama tsar contre Catherine II et organisa une vaste jacquerie de cosaques. Un premier pic avait été atteint avec une cinquantaine de révoltes en 1842. Malgré la libération du servage en 1861, les réformes agraires qui suivirent, notamment celles de Stolypine en 1906, la paysannerie demeura insatisfaite parce que seule une minorité put acquérir des terres, et encore au prix d'un lourd endettement. En 1917, elle n'exprime plus des requêtes, mais bien des exigences. Par exemple, « qu'on explique, tout de suite, pourquoi les magnats qui ont des milliers de déciatines de terres (une déciatine équivaut à un hectare) échappent au service militaire et ne défendent pas la patrie, alors que nous, qui n'avons pas de terres, devons la défendre d'urgence au péril de notre vie ». Elle demande également qu'on saisisse les terres d'État, voire celles des grands propriétaires quand

elles ne sont pas cultivées. « Quand nous voulons prendre ces terres, c'est l'anarchie. Quand on nous prend nos
fils, c'est du patriotisme. »

Leur colère et leur ressentiment se manifestent
alors sans retenue.

Moins virulents, les ouvriers se plaignent surtout
des humiliations dont ils se sentent les victimes. Pas
seulement un salaire de misère : ceux d'Ekaterinodar,
par exemple, ne touchent souvent qu'un rouble et vingt
kopecks par jour, soit la valeur de deux pains de quatre
livres. Surtout, disent-ils, il n'y a pas d'assistance médi-
cale à l'usine, pas de lavabos ou alors inutilisables ; pas
d'eau bouillante ni même d'eau chaude. « Pour une
perte de vue des deux yeux par accident du travail,
l'indemnité est de cent roubles. » Les amendes pleuvent
sur eux sans qu'ils sachent pourquoi. Et ils sont
astreints à une fouille déshonorante.

« Tout cela est inhumain. Nous, Russes, ne sommes
pas des Tatars[9]. »

« Quand je suis entrée dans une usine pour la première fois, témoigne Alexandra Kollontaï, que j'ai vu ces
malheureux, d'un coup j'ai senti que je ne pourrai plus
vivre tant que cela n'aurait pas changé. » Cette blessure,
Alexandra Kollontaï, une aristocrate qui adhéra au Parti
bolchevik et en devint l'un des dirigeants, ne l'aura cica-
trisée, dit-elle, que le jour où une autre vie s'offrira à ces
malheureux.

Le témoignage du prince Kropotkine dessine un
autre parcours. Un ressentiment personnel, croisé avec
une conscience aiguë des malheurs du peuple, fait de

---

9. Pétition anonyme d'ouvriers à Kerenski.

lui le leader de l'anarchisme, l'héritier de Michel Bakounine.

Il s'en est clairement expliqué.

Ivre, un des cent cinquante serviteurs de sa maisonnée avait cassé quelque plat. Son père le fit punir de cent coups de fouet. Toute la famille et ses serviteurs étaient consternés par ce drame. Piotr avait alors une dizaine d'années ; on était en 1851.

« Les larmes me faisaient suffoquer. Tout de suite après le repas, je courus voir Makar caché dans quelque corridor et je voulus lui embrasser la main. Mais il m'écarta en pleurant, et me dit sans me faire de reproche : "Laissez-moi seul. Vous aussi, quand vous serez grand, ne pensez-vous pas que vous serez pareil ?" »

Ce premier traumatisme révéla à Kropotkine, enfant, qu'il se sentait plus proche de ses serviteurs que de son père, militaire et prince, mais que, déjà, il méprisait à moins de le haïr. Depuis la mort de sa mère, il laissait sa deuxième épouse effacer son souvenir en retirant de la maison meubles et tableaux qu'elle chérissait. Alors que c'était sa mère qui autrefois avait sauvé son père d'un déshonneur quand il avait été accusé de concussion. Elle avait fait une démarche humiliante auprès du fonctionnaire chargé du dossier, qui se trouvait avoir été un de leurs anciens serfs. Grâce à cela, il avait pu « remettre pantalon rouge et autre plumage ». Ce père avait-il seulement passé une nuit dans un bivouac ou pris part à une seule bataille ? Tout harnaché, il exerçait dans son domaine terreur et discipline militaire. Et Piotr, comme son frère aîné, avait autant peur de lui que les serfs du domaine. « Le vrai amour que j'ai connu est venu d'eux », rapporte Kropotkine dans ses

Notes. On y voit poindre le ressentiment (le mot y figure) contre son père, contre la famille, contre l'armée.

En Sibérie où, adolescent, il effectue une sorte de service civil, il observe que le sort des travailleurs y est pire que celui des serfs.

« J'y ai perdu la foi dans l'État et sans avoir rien emprunté aux combats politiques, je suis ainsi devenu un anarchiste, contestant l'État, le capitalisme, la famille, l'armée. »

Et l'ordre établi.

Ayant lu Marx et les autres socialistes, Saint-Simon et Proudhon notamment, il se dit : « Je prendrai une autre voie. » Mais après ces blessures de l'enfance et de l'adolescence, combien de prisons et d'exils encore qui le mèneront sur la voie de l'anarchisme !

Trente ans plus tard, ou à peu près, en 1887, un autre jeune homme, Vladimir Ilich Oulianov déclarait également : « Moi, je ferai autrement. » Lui aussi avait changé de caractère à la suite d'un traumatisme : l'exécution de son idole, ce frère aîné pendu pour son action terroriste.

Il avait appris son arrestation au sortir de l'école, avait couru annoncer le drame à sa mère, veuve depuis peu, qui partit pour Saint-Pétersbourg implorer la grâce du prévenu. Mais en vain. Lorsque, à Sibirsk, les journaux de Saint-Pétersbourg apportèrent la nouvelle de l'exécution, Vladimir, dix-sept ans, les jeta à terre, les piétina et s'écria : « Ils me le paieront ! »

« Qui ça "ils" » ? demanda une voisine.

« Moi, je le sais, ça suffit », répondit Vladimir.

Ce qu'il voulait dire se laissa entrevoir. Lors de la famine de 1892, cinq ans plus tard, devenu étudiant et ayant adhéré à un groupe marxiste de Samara, il expli-

Prod DB © Mezhrapbom Russ/D.R.

Ressentiment du fils contre le tsarisme
qui n'a pas tenu sa promesse.

qua : « Les famines sont la conséquence d'un certain ordre social et seule l'abolition de cet ordre pourra empêcher leur retour. La famine actuelle, inévitable, contribue au progrès futur en poussant les paysans vers les villes. Ainsi se forme un prolétariat qui perdra sa foi dans le tsar et précipitera la victoire de la révolution. Le désir de la prétendue société de venir en aide aux affamés s'explique aisément puisque cette société fait partie d'un ordre bourgeois qui se sent menacé de troubles et même de destruction totale. En réalité, toutes ces parlottes à propos du secours aux affamés ne sont qu'une manifestation de la sentimentalité mielleuse qui caractérise nos sociétés dirigeantes. »

À cette date, Lénine, comme marxiste, rejetait, à la différence de son frère, les attentats terroristes : il abordait les problèmes politiques « autrement ».

Jusque-là, en effet, il était des révolutionnaires qui pensaient que, pour changer l'ordre social, il suffirait de supprimer la famille impériale ou « à la hache d'écraser les impérialistes avec la même férocité qu'ils emploient contre nous ». Le cri de ralliement était : « Tuez-les tous, dans les villes, les villages, les hameaux. Le parti révolutionnaire qui prendra le pouvoir devra assurer la dictature par n'importe quels moyens... Il faudra écarter de l'assemblée tout élément réactionnaire – à supposer qu'il en reste encore de vivants[10]. »

Cette exaspération, cet extrémisme étaient aussi bien l'expression d'une certaine impuissance.

Dans son histoire de la Russie, Kluchevski, qui est une sorte de Michelet ou de Lavisse de ce pays, écrivait que, depuis la mort de Pierre le Grand, en 1725, ce qui caractérisait la société russe, des paysans aux notables, c'était le caractère « impensable qu'un quelconque changement modifie les traditions de ce pays[11] ».

Cela signifiait que l'idée de réforme, même puissamment soutenue, était quelque chose d'incongru, et qu'à part le durcissement ou l'adoucissement du servage toute idée de changement paraissait inconcevable.

Un signe de cette croyance, qu'a repéré Alain Besançon, est bien la fréquence des rêves dans le roman russe, révélateur de la société et de ses désirs. Désirs

---

10. Mot d'ordre courant des « terroristes » avant le triomphe du marxisme.
11. Tome V, p. 231.

cachés que ces rêves expriment tant chez Pouchkine que chez Dostoïevski, Oblomov ou Tchernychevski, pour qui la révolution accomplira ou viendra accomplir le rêve. À moins que celui-ci ne tourne au cauchemar.

Mais le point important est bien que le sentiment d'impuissance apparaît sous toutes ses formes durant ce siècle. « Vous serez comme votre père », dit à Kropotkine le moujik qui ne croit pas à l'amélioration de son sort. « Il faudra faire autrement », disent les uns et les autres devant l'inefficience du changement nécessaire que souhaitent les réformateurs ou les révolutionnaires. Et ce changement ne peut être que rêvé.

Or, tout annonce que le traumatisme des victimes, des anciens serfs, explosera un jour comme explosa la révolte des esclaves à Rome.

Les marxistes, parmi lesquels Lénine, prônaient, après la suppression du servage et pour autant que des famines sévissaient, l'accélération du passage à l'ère industrielle. Apparaîtrait ainsi une puissante classe ouvrière qui accomplirait la révolution.

Ce passage se fit lentement mais il se fit.

Ce que Lénine avait écrit sur les famines était révélateur de la façon dont il abordait les problèmes : il y avait là comme en miniature l'approche d'un doctrinaire, marxiste en l'occurrence. Il y voyait d'abord l'intérêt que représentait cette famine pour l'avancement du projet révolutionnaire, procédait à l'analyse de ses causes, sociologiquement explicitées. On y trouve aussi le déni de toute pitié ou générosité chez l'ennemi de classe, comme chez lui l'indifférence absolue aux souffrances des malheureux.

Il y avait ainsi, chez Lénine, le croisement d'un raisonnement marxiste sur la faillite des expériences passées et d'un ressentiment particulier.

Au traumatisme personnel que ressentirent un certain nombre de révolutionnaires – aux exemples de Kropotkine, ou Lénine, ou Kollontaï – pourrait s'ajouter celui de bien d'autres, blessés eux aussi, humiliés d'avoir été exclus du lycée ou de l'université pour des raisons idéologiques ou religieuses, les juifs notamment.

On peut observer chez eux le même type de croisement entre le ressentiment personnel et le raisonnement doctrinaire : Leonid Martov, par exemple, social-démocrate juif, juge que les pogroms ont quelque chose de positif, comme premier signe d'une participation des paysans à une action politique, quand bien même ce serait contre les juifs !

Au mécontentement des ouvriers, des paysans, des minorités, à l'impatience des révolutionnaires, s'ajoutait l'irritation de l'ensemble des membres de l'intelligentsia de se sentir écartés de la gestion du pays.

Pendant les journées de février, le grand duc Cyrille donna l'exemple du ralliement au soviet de Petrograd, suivi des cosaques de la Garde du régiment de Sa Majesté. Rares furent ceux qui restèrent fidèles à Nicolas II avec constance : le comte Keller, le comte Zamoïskij, l'ancien ministre Bark à qui l'on proposa un ministère mais qui refusa, « question de principe ». Nul ne chercha à sauver le tsarisme. Quand les « missionnaires de la révolution », Guckov et Sholguine, déclarèrent en gare de Petrograd qu'à Nicolas II, qui avait abdiqué, allait succéder Michel II, ils faillirent être lynchés. « À bas les Romanov, Nicolas, Michel c'est tout comme : le radis blanc vaut le radis noir, à bas l'autocratie. » Protégés par les agents du gouvernement provisoire, les missionnaires purent s'éclipser.

Mais il n'y eut guère de ressentiment contre la personne du tsar. Rien de commun avec ce que connut Louis XVI après la fuite à Varennes. Et peu d'exigences le concernant. Sur cent motions d'ouvriers adressées à Kerenski et au gouvernement provisoire, parmi toutes sortes de revendications, deux seulement réclamaient des « mesures » contre le tsar, en outre ; trois autres émanèrent par ailleurs des paysans et quatre des soldats, soit neuf en tout sur plus de trois mille télégrammes et motions envoyés de toutes les Russies.

Pourtant, au lendemain des journées de juillet, il y eut des grondements. Par crainte d'un acte de violence – ou que des monarchistes tentent de l'enlever – Kerenski fit transférer le tsar et sa famille à Tobolsk, en toute sécurité. Puis, après octobre, ce fut à Ekaterinenbourg, sur ordre de Sverdlov qui, avec Lénine et Trotski, avait été un des organisateurs de l'insurrection d'Octobre. Mais déjà, à l'heure de la guerre civile, des voix se multipliaient pour exiger la mort de l'ex-tsar ou, pour le moins, un procès, et il fut question d'en charger Trotski.

Mais devant l'avancée des troupes « blanches », de peur qu'elles ne libèrent Nicolas II, les bolcheviks d'Ekaterinenbourg prirent sur eux de l'exécuter. La Russie en fut informée par un simple communiqué de presse, et demeura totalement indifférente. À cette date, si les classes populaires étaient souvent plus radicales que les bolcheviks, ceux-ci ne contrôlaient pas encore vraiment la presse. Or, ni les Rouges ni les Blancs ne saluèrent, ne protestèrent, ne réagirent.

Ni compassion ni ressentiment.

Un retournement invisible, le passage d'une révolution qui, au nom de l'équité, entend mettre fin à l'arbitraire à une révolution qui, pour survivre, se venge des outrages passés, voilà un phénomène qu'on a observé en France dès 1792 et qu'on retrouve dans la Russie de 1917.

Car pendant les premiers mois de la révolution de 1917, le ressentiment des classes populaires avait été contenu, il ne s'était exprimé qu'imparfaitement, par quelques violents éclats, aux armées surtout, et dans les campagnes où bien des demeures de propriétaires avaient flambé. Mais la participation à l'action révolutionnaire l'avait en quelque sorte neutralisé, converti, canalisé.

En mars 1917, quand est annoncée l'abdication de Nicolas II, la population du pays fut transportée d'allégresse.

« C'est fini, maintenant c'est fini… », s'exclame dans cette foule un militant qui pleure de joie.

Alors derrière lui une main tapote sur son épaule, celle d'une vieille femme qui lui dit : « Tu te trompes, petit père. Ce n'est pas fini, le sang n'a pas encore assez coulé… »

La révolution va changer d'orientation.

En juin 1917, lorsque se réunit le premier congrès des soviets, survivait encore une bonne part des espérances de février. Certes, il s'est commis des violences dans les campagnes et aux armées, mais relativement peu, tant était réel le sentiment d'une victoire de l'équité et de la fraternité. Une allégresse qui rappelait celle de février 1848 en France.

Kerenski et certains membres du gouvernement provisoire y étaient pour beaucoup : comme ministre de la Justice, il avait facilité la fuite des victimes désignées du ressentiment populaire : policiers, anciens ministres, etc. Il avait invité les riches à faire don de leurs bijoux pour pallier les souffrances des plus malheureux. Ces gestes l'avaient rendu populaire, même si bien des militants révolutionnaires jugeaient ce comportement dérisoire.

En juin, le mécontentement commençait à s'exprimer pour autant que le gouvernement de coalition « bourgeois-socialiste » se voulait « conciliateur » en attendant qu'une assemblée constituante décide de l'avenir de la société. La réunir tant que la guerre n'avait pas pris fin et que les soldats ne pouvaient participer au scrutin était jugé antidémocratique par la majorité des élus des soviets. Les bolcheviks jugeaient, de leur côté, avec Boukharine, que si la révolution ne mettait pas fin à la guerre, la guerre finirait par étouffer la révolution. Et de fait, c'est bien ce qui se passait : au nom des exigences de la défense nationale, et vu le refus des alliés d'envisager une paix sans annexions ni réparations qu'avait proposée le soviet de Petrograd, ce qui survivait de l'ordre ancien s'efforçait de reprendre le dessus. Aux armées, préparant une offensive, le haut commandement exigeait le retour à la discipline ; dans les usines d'armement, on n'introduisait toujours pas la journée de huit heures.

C'est alors qu'à ce congrès des soviets Lénine annonça que son parti, qui n'avait que 105 élus sur 1 200 environ, était prêt à prendre le pouvoir. Voilà qui déclencha un grand éclat de rire, un signe que la majorité des députés se voulait démocrate.

Kerenski rappela alors à Lénine le sort des extrémistes de France en 1792, et, encore après, de Russie en 1905.

Lénine répondit qu'au pouvoir il était prêt à « arrêter cent capitalistes », ce qui déclencha un deuxième éclat de rire : c'était donc cela le marxisme ?

Mais le trait important n'est pas là.

Devant l'impuissance de la révolution à s'accomplir plus avant, Lénine en appelait à des mesures extrêmes, chirurgicales. Elles se voulaient filles de la nécessité. Il n'y avait là aucun ressentiment : Lénine ne voulait pas arrêter des capitalistes parce que ceux-ci s'étaient conduits de façon inhumaine, ce qui eût été dans la logique de la révolution contre l'injustice et l'inhumanité des maîtres de jadis, pour lui cette mesure n'avait pas sa source dans les principes de la morale, du respect de la dignité humaine.

Non !

Comme Saint-Just, Lénine se plaçait du point de vue de la guerre qu'on fait à ses ennemis, de la guerre de classe en l'occurrence, il voulait que la mécanique de la révolution, sa marche en avant, ne fût point grippée, cet impératif l'emportant sur toute autre considération.

De même que la nature de ce changement avait été inaperçue en 1793, celui que Lénine amorçait ne fut pas apprécié à sa mesure non plus. Mais pour qui se souvenait de la leçon qu'il avait tirée de l'aide aux victimes de la famine, il y avait là une continuité dans sa manière d'approcher les problèmes et qui, dans ces deux circonstances, était indépendante de son ressentiment personnel.

Il raisonnait en doctrinaire et en stratège.

Ainsi, en octobre, il apprécia à sa juste mesure le rapport des forces qui avait changé entre un gouvernement sans plus de pouvoirs, vu la multiplicité des comités et des soviets qui l'exerçaient à la base, et cet État sans tête que constituait l'ensemble de ces soviets. Leur

70

bolchevisation étant le résultat de la faillite du gouvernement provisoire, l'offensive ayant échoué, le désordre gagnant, Lénine juge qu'il peut déclencher une insurrection, maintenant que la tentative de putsch du général Kornilov pour rétablir l'ordre a échoué.

Tout comme en France en 1792 et au printemps 1794, ce fut la résistance aux vainqueurs d'octobre qui libéra l'énergie refoulée de ceux qui attendaient de la révolution vengeance ou régénération. Cette résistance pouvait être assumée par les rivaux politiques du nouveau pouvoir, c'est-à-dire les révolutionnaires non bolcheviques exclus de la direction des affaires, ou encore, explicitement et nettement, par les organisations « bourgeoises » ou les chantres de la contre-révolution.

Mais les moujiks ou les commerçants qui gardaient une partie de leurs produits pour échapper aux réquisitions, tels leurs prédécesseurs de 1794, ne se percevaient pas comme des ennemis du pouvoir. Or, parallèlement aux effets de la guerre civile avec les Blancs qui commençait, leur « résistance » au pouvoir des soviets déchaîna la pire des terreurs, avec son cortège d'horreurs.

« Il nous faut un Fouquier-Tinville, dit Lénine à Bonch-Bruyevitch, l'un des promoteurs de la Garde rouge, en décembre 1917, il nous matera toute cette racaille contre-révolutionnaire... un solide jacobin prolétarien. Ce sera Felix Djerjinski, car il a passé plus de temps dans les geôles tsaristes et il connaît son affaire. » « La terreur va prendre des formes très violentes, à l'instar de la Révolution française », ajoute Trotski. « Une balle dans la tête, voilà pour les spéculateurs ! », complète Lénine.

« À quoi bon un commissariat à la Justice ? », lui demande Steinberg, un socialiste-révolutionnaire de gauche, rallié, « autant l'appeler "commissariat du peuple à l'extermination sociale" ! ». « Excellente idée, répond Lénine, malheureusement on ne peut pas l'appeler ainsi. » « Fusillez, déportez les socialistes-révolutionnaires !, dit-il aux communistes d'Elets. Malheureusement je ne peux pas vous donner l'autorisation écrite de le faire. »

« C'est la vie qui dicte la voie à la Tcheka », explique Djerjinski à une date où cette folie furieuse ne sévit que dans quelques villes. Son propos, au reste, est en pleine contradiction avec le dogme des marxistes, notamment bolcheviks, qui condamnaient la spontanéité des masses. Désormais, c'est le contraire, ainsi Lénine stigmatisant Zinoviev qui s'inquiète de ces violences non contrôlées et que la Tcheka veut retenir – oui, la Tcheka : « Je proteste fermement, écrit Lénine à Zinoviev. Nous nous compromettons : alors que nous n'hésitons pas dans nos résolutions à menacer de frapper de terreur de masse les députés des soviets, lorsqu'il s'agit de passer aux actes, nous freinons l'initiative des masses entièrement fondée. Ce n'est pas pos-si-ble. Les terroristes vont nous considérer comme des chiffes molles. Il faut encourager l'énergie et la nature de masse de la terreur[12]. »

Ainsi, imaginer que les violences de la fin de 1917 et en 1918 émanent des seuls bolcheviks ou de l'encouragement qu'ils ont donné à « cette vie qui dicte sa voie » serait bolcheviser l'Histoire. Mais pour autant que, depuis la victoire d'octobre, ils incarnent une majorité révolutionnaire, ils ne sauraient se délégitimer en admettant que le ressentiment et la colère populaire les débordent.

---

12. 26 juin 1918.

Plus tard, ayant grossi leurs rangs de tous les petits apparatchiks issus des comités du pouvoir populaire, ils seront bien les agents, les seuls agents de la Terreur rouge.

De fait, les similitudes entre le processus en France, lors des événements de 1792-1793, et ce qui se passe en Russie vont plus loin. Outre l'usage des mêmes termes – « ennemi du peuple », « sabotage », « accapareur », « purger la société » –, les atrocités commises en 1917-1918, tout comme l'avaient été de juillet à octobre en 1917 les violences contre les officiers, voilà qui doit plus à la propagande des bolcheviks qu'à leur action propre – tout comme les massacres de septembre 1792 devaient aux discours à la Commune de Paris plus qu'à son action propre. Et la Convention reprit en mains cette terreur, tout comme le parti bolchevik allait le faire. Quitte à ce que l'un et l'autre « politisent » cette violence. Dans les deux cas, il y eut instrumentalisation du ressentiment.

En Russie, cette violence venue d'en bas s'en prend à tout ce qui représente ou incarne l'ordre ancien : officiers, fonctionnaires, notables de tout ordre, hommes et femmes « aux mains blanches », en Ukraine, comme partout ailleurs.

C'est ainsi que peu à peu, dans les comités et autres soviets, les anciens cadres de la société, chassés ou exterminés, laissèrent la place à des éléments issus des milieux populaires, bientôt dénommés « apparatchiks », un phénomène que nous avons dénommé la « plébéianisation de l'appareil d'État ». Le pouvoir bolchevik s'appuya sur lui autant qu'il s'intégra à lui.

« Avant, vous étiez les barines (les maîtres) maintenant c'est à notre tour de l'être », disait un soldat à son capitaine. Il avait l'impression de tenir sa revanche après des siècles d'oppression et de servitude.

Le ressentiment contre les élites

En France, pendant la Révolution, le ressentiment contre les privilégiés avait fait place à une fureur égalitariste. Toute trace de supériorité, fût-elle symbolique, était suspecte et remise en cause. Il est vrai que le dénigrement des élites, quelle que fût leur nature, avait précédé la Révolution : il fallait montrer que cette élite était immorale. Telle Marie-Antoinette, prétendument entourée de libertins et que des libelles accusaient de toutes sortes de turpitudes. Ou tels le monarque et ses aristocrates, dont les caricatures soulignaient l'impuissance. Plus tard, avant même la Terreur, quand la pénurie commençait à menacer, Marat dénonçait « les petits soupers graveleux de Danton », tandis que s'alimente une chronique du scandale qui met en cause les plus riches. Plus : à leur tour sont exécutés des savants – Lavoisier, Condorcet – dont les connaissances, inaccessibles, perpétuent le passé.

La Russie impériale eut, à son tour, sa chronique. Nous avons eu entre nos mains le petit carnet où étaient consignées les « performances » de Raspoutine auprès de ces dames de la cour, dont les époux, ensuite, connaissaient de belles promotions. Et l'information circulait.

Mais l'élan de pureté qu'incarna la révolution russe à ses débuts rompit avec ces formes de dénigrement. Les militants révolutionnaires ne cessaient de répéter, d'ailleurs, que les iniquités du passé n'étaient pas dues à l'action des individus, mais aux institutions – qu'on allait changer. Pour prévenir l'explosion des ressentiments, dès le mois de mars, l'abolition de la peine de mort figura au programme de Kerenski, ministre de la Justice du premier gouvernement révolutionnaire.

La violence des ressentiments n'en déborda pas moins les discours les plus généreux ou les plus extrêmes.

Et les élites, celles du monde de la culture aussi bien, et quel qu'ait pu être leur soutien au sort des malheureux, les élites furent les victimes.

RUSSIE : DU PRESSENTIMENT AU RESSENTIMENT

Si la plupart des membres de l'intelligentsia et des artistes, à part Gorki et Lunacarski, futur commissaire du peuple à l'Éducation, ne participèrent pas aux événements révolutionnaires qui, jugeaient-ils, ne les concernaient pas personnellement, toute une « civilisation littéraire » n'en était pas moins engagée dans une lutte politique contre l'autocratie. Avec Léon Tolstoï, elle avait été de cœur avec ces ouvriers et ces malheureux moujiks dont le sort ne s'améliorait guère malgré les réformes d'Alexandre II, puis de Stolypine. Surtout, cette société cultivée, bien décrite par Tchekhov, avait perdu foi en son avenir, telle Macha, l'amoureuse déçue de *La Mouette*, toujours vêtue de noir parce qu'elle est en deuil de sa propre existence. Tristes, désespérés, les Russes étaient ainsi en deuil de leur histoire.

Rien ne changeait vraiment dans le pays, sinon le monde des affaires. Cela tenait à l'État qui posait l'immobilisme en principe. En 1894, Nicolas II avait appelé « rêve insensé » l'idée de ceux qui croyaient que les Russes pourraient participer, grâce à quelque constitution, au gouvernement de leur propre pays.

Cette intelligentsia, a noté Bulgakov, bientôt auteur de *Le Maître et Marguerite*, remettait tout en cause : l'ordre politique, la religion, le mariage. Avec les populistes et les marxistes, elle préconisait le socialisme ; avec Bonch-Bruyevitch, elle justifiait l'athéisme, avec Alexandra Kollontaï, elle légitimait l'union libre. Un fossé immense la séparait du tsar, de son cérémonial et de ses popes. Nicolas II avait même demandé si l'on ne pourrait pas retirer le mot « intelligentsia » du dictionnaire.

« Réussie ou non, la révolution sera aussi absolue que l'autocratie », annonçait Merejovski, ce disciple de Dostoïevski. Et Konstantin Balmont, le poète, ajoutait :

« Notre Tsar, débile et aveugle,

« Prison et knout, qui fusille et qui pend

« L'heure du châtiment t'attend... »

« Que la tempête se déchaîne », avait demandé Gorki, le chantre des gueux.

Quand elle se déchaîna, une première fois, en 1905, Rozanov-Varvarin écrit dans *Rousskoïe Slovo* : « Après avoir assisté au spectacle admirable de la révolution, les gens cultivés voulurent prendre au vestiaire leurs beaux pardessus fourrés et réintégrer leurs confortables demeures. Mais les pelisses avaient disparu et les maisons étaient en flammes. »

Après la guerre qui éclate en 1914, les massacres inutiles, la pénurie et la colère qui gagnent, l'intelligentsia tout comme les élus de la Douma qui lui sont proches se montrent incapables de canaliser et d'endiguer le flot d'une nouvelle révolution qui naît spontanément mais dont elle reconnaît l'hymne puisqu'elle en a écrit les paroles.

À la frustration que l'intelligentsia nourrissait succède un pressentiment, celui d'une catastrophe : « La période de l'humanisme est close, écrivait Biely, ce poète du réel, vient celle de la sainte barbarie... Un saut va se faire par-dessus l'Histoire. » La révolution n'est pas née de la révolte contre une autre, les ouvriers se jetant sur les industriels ou les paysans sur les propriétaires, mais du fait que le vieux pouvoir n'a pas su défendre la Russie.

Voire !

Selon Biely, c'était désormais « l'individu révolutionnaire qui circulait... la masse devenant l'appareil exécutif de ces sportsmen de la révolution ». Il a bien senti que le moment où les organisations bien structurées dirigeaient le mouvement révolutionnaire était passé. Désormais, ça allait être le règne des individus incontrôlables instrumentalisant les foules.

« La culture est une tête trouée d'où tout fuit. » Tel est le sentiment largement partagé, par Gorki lui-même qui, emmené au soviet de Petrograd le 1er mars – par Soukhanov qui en est l'un des fondateurs – pour qu'on l'y acclame, y déclara, maussade, qu'avant tout il fallait créer une commission pour la sauvegarde des monuments historiques. Le premier jour de la révolution de février 1917 était-on déjà en 1793, quand on avait détruit bustes et bibliothèques ?

À la chute du tsar, un immense cri d'allégresse avait parcouru la capitale. Le régime s'était effondré autant qu'il avait été abattu. Et plus on avait bénéficié de la faveur du tsar, grands ducs ou généraux, plus vite on se rallia au nouveau régime.

Les poètes ne furent pas les derniers à se rallier à la révolution : Blok, Maïakovski, Essenine, Korolenko. Ils proclamèrent : « Maintenant tout est possible... »

Tout fut possible ? Effectivement. Par exemple, que les grands de la scène du théâtre, de l'opéra, jusqu'alors acclamés, fussent incontinent rejetés, hués, voire contraints à émigrer quand ils se croyaient populaires pour l'éternité et qu'ils avaient défendu la bonne cause.

On imagine leur ressentiment.

Tel fut le cas de Chaliapine qui, en 1905, avait signé avec Rachmaninov et Rimski-Korsakov une pétition contre l'arbitraire et l'absence de liberté qui régnaient dans le pays. En particulier au théâtre, où avait été interdite la sortie d'une pièce de Gorki. Tandis que Rimski-Korsakov était démissionné d'office de ses fonctions au Conservatoire, des manifestations eurent lieu dans les théâtres, notamment ceux de l'État où la censure était la plus vigilante et qui étaient un lieu privilégié de manifestations politiques spontanées. S'y révélait l'esprit du temps, orchestre et loges recevant la haute société, poulailler ou paradis accueillant les étudiants moins nantis. Or, à la fin d'un spectacle où il avait été follement acclamé, du parterre on lui demanda de chanter *Dubinskaja*, le chant des déportés. Il s'exécuta, un affront en présence de l'impératrice.

Mais une autre fois...

Le chœur de l'opéra du Bolchoï à Moscou eut l'intention de présenter une pétition au tsar. Il fut décidé qu'après une première scène de *Boris Godounov* le rideau se lèverait et que l'on verrait le chœur entier dans une attitude de supplique dirigé vers la loge de l'empereur pendant qu'on lirait la pétition. Quand le rideau se leva, suivant l'effet voulu, Chaliapine, qui n'était pas dans la confidence, et jouait Boris, était encore en scène. Le tsar, Boris, était ainsi là, devant les pétitionnaires, digne, colossale personnification de l'autorité impériale dans ses superbes habits d'or, la couronne de Monomaque sur la tête. Dans cet instant pathétique, Boris se tenait face à Nicolas II... Alors, instinctivement,

Chaliapine plia un genou et se joignit aux pétitionnaires à la grande colère d'une partie du public : il aurait dû demeurer debout, face à Nicolas II, comme par défi.

Cela ne lui fut jamais pardonné.

D'autres artistes, qui avaient conservé leur public, s'aperçurent qu'en période de révolution on n'avait guère le goût d'aller au théâtre, car le spectacle était dans la rue – où, dans les défilés et les cortèges, on faisait preuve d'une grande créativité.

Mais auraient-ils voulu aller néanmoins au théâtre que des collectifs s'en étaient saisis, à moins d'avoir changé le répertoire ou carrément s'être substitués à la troupe qui était en place. C'est dire que régnait dans le pays une très grande liberté, pour ne pas dire une anarchie certaine.

Pourtant, avec les affres de la guerre civile qui commençait, écrivains et artistes découvraient, effarés, que la volonté de contrôler les activités culturelles commençait à se manifester. Par exemple, à Petrograd comme à Saratov ou dans d'autres villes, est apparu le *Proletkult*, institution de la culture prolétarienne qui se présente comme la quatrième force du mouvement ouvrier, de concert avec le parti, le syndicat et le mouvement coopératif. Qu'était donc cette institution qui sortait de terre ?

Peu d'écrivains ou d'artistes, hormis ceux qui avaient milité dans les milieux révolutionnaires, connaissaient le projet culturel du mouvement socialiste. Or, parler au nom de la classe ouvrière, affirmer qu'elle serait l'agent de la révolution sociale, voilà qui posait toutes sortes de problèmes et qui, depuis la révolution de 1905, faisait l'objet de bien des débats.

Instruisant le procès des révolutionnaires, Makhaiski, marxiste lui-même, écrivait au lendemain de la révolution de 1905 : « Attendre que les ouvriers, condamnés à l'inculture par leurs misérables conditions de vie, deviennent capables de diriger la production et d'organiser la vie sociale, cela signifie garantir aux exploiteurs une vie parasitaire pour l'éternité. » Il ajoutait : « Ces révolutionnaires disent à l'ouvrier : "Tu veux être aussi savant et cultivé que moi, alors instruis-toi et étudie au lieu de t'enivrer." » Stigmatisant ces dirigeants, Makhaiski concluait : « Tu veux être riche, alors, peine et épargne. »

On observe que ce raisonnement présuppose qu'il n'existe qu'une seule culture, un seul savoir, au reste identifiés l'un à l'autre, et qui serait la culture des élites. Certes, dès cette époque, personne ne niait qu'il pût exister plusieurs cultures, par exemple le folklore ou la culture des allogènes. Qu'il pût exister, également, un mouvement de va-et-vient et des transgressions entre différents héritages culturels et la culture officielle, dite « bourgeoise », qui les recouvre et les supplante – bref, qui exerce une hégémonie : voilà aussi une observation qui avait été faite, mais elle n'était pas centrale ; au moins dans les milieux révolutionnaires. L'idée dominante tournait plutôt autour de l'unification des savoirs et des cultures à partir d'un nouveau pôle, qui pourrait être la « culture socialiste », dont, au reste, le statut et la nature restaient à définir.

Pourtant, le principe même de ce projet était mis en cause, et une alternative lui était opposée. Deux voies s'ouvraient en effet. Ou bien les classes populaires « s'acculturaient » grâce aux conquêtes sociales et économiques. Grâce, essentiellement, à l'instruction – un projet que commençaient à mettre en œuvre les « écoles » socialistes destinées à la classe ouvrière, avec leurs

« bons » auteurs, de Zola à Gorki. S'instaureraient alors peu à peu les conditions d'une démocratisation véritable de la vie politique.

Ou bien – seconde voie – on juge que ce projet est une mystification et que la seule véritable révolution sera celle qui expropriera les propriétaires de biens matériels comme les titulaires de biens culturels, ces intellectuels et autres gens instruits qui s'arrogent, grâce à cette richesse-là, le droit de diriger les autres en devenant militants, cadres, etc.

D'une certaine façon, les socialistes, allemands surtout, mais aussi bien russes et français, de Kautsky à Lénine, incarnent le premier courant qui s'est perpétué jusqu'à la Seconde Guerre mondiale, et même au-delà. La victoire d'Octobre et la constitution des partis communistes l'ont renforcé, puis étendu au monde entier.

Le deuxième courant est représenté au début du siècle par Bogdanov, ultérieurement par Mao Tsé-toung, au moins à certains moments de sa carrière, ainsi que par certains utopistes de 1968. Ses chantres entendent destituer les valeurs et les savoirs établis, leur substituer la culture que les classes populaires, en s'émancipant, reconstitueront à partir d'héritages qu'elles ont dû refouler. Ce courant prend une allure contre-constitutionnelle, volontiers antiacadémique. Il mettrait fin au ressentiment des milieux populaires qui gardent un complexe d'infériorité vis-à-vis des gens instruits, en opposant à leur savoir, défini comme vieilli et réactionnaire, une culture nouvelle.

Ce courant ne définit pas la culture prolétarienne « par des arts et des traditions populaires, par le folklore, bien qu'elle ait des rapports avec eux ; elle n'a rien à voir avec l'alphabétisation des masses sans pour autant la rejeter », explique Jutta Scherrer. La culture prolétarienne doit être une création.

Au regard de son idéal de révolution prolétarienne, de son projet d'une société « sans contradictions », le *Proletkult* estime « qu'il n'y a pas de place pour la diversité ». Aussi, son accès est bientôt interdit aux intellectuels. Il ne s'agit pas de nier leur héritage, mais d'organiser la culture autrement. « On ne vous demande pas, explique *Zizn'Iskusstva* (*La Vie de la culture*), en s'adressant, entre autres, aux cinéastes, de faire des films qui seront compris dans trente ans, mais des films qui éduqueront les masses aujourd'hui. »

Ce sont les avant-gardistes, « les nihilistes culturels » qui sont ainsi visés. « Ce qu'ils font, je n'y comprends rien », disait Lénine.

Sans doute, la volonté du *Proletkult* de fortifier son organisation se heurta à la volonté hégémonique du parti bolchevik. Au ministère de la Culture, Lunacarski devait décider quelles opérations culturelles l'État subventionnerait ou pas. Et dans chaque ville, les différents collectifs – des anciens théâtres, du *Proletkult*, des cercles littéraires, etc. – entraient en concurrence pour obtenir des subventions au désespoir des écrivains et des artistes. De sorte que, pour l'intelligentsia, non seulement la chute de l'autocratie ne correspondait pas à ses attentes, mais elle nourrit son ressentiment contre un pouvoir qui trahissait ses espérances.

L'objet de ce ressentiment n'était plus l'autocratie, le tsar, mais Lénine, le bolchevisme. « L'intelligentsia nous voue une haine viscérale », écrivait Lunarcarski à sa femme. « Le boycottage des fonctionnaires freine notre œuvre », ajoutait-il.

S'il n'y avait eu que celui des fonctionnaires ! Dans l'armée, les officiers ralliés étaient suspects ; dans les bureaux, les statisticiens étaient suspects ; dans les hôpitaux, les médecins, tel Jivago, étaient suspects ; dans les usines, les ingénieurs étaient suspects. Mais le pouvoir avait besoin de ces cadres, ces spécialistes comme on disait, les *spets*. Tout en surveillant durement ces *spets*, le pouvoir bolchevik veut que ces cadres, ces intellectuels, servent le régime – notamment Lénine et Trotski qu'anime un certain esprit technocratique soucieux d'efficacité.

Or le pouvoir populaire, entré dans l'appareil d'État grâce à la pratique politique des bolcheviks qui ont su l'y greffer, entend contrôler tout ce qui émanait des élites. Déjà, tout comme les intellectuels ne pouvaient pas participer au *Proletkult*, les techniciens supérieurs ne purent plus s'inscrire dans les syndicats. Car lorsqu'il était une victime, le sujet du tsar l'était de toutes les façons ; pour l'opprimer, il n'y avait pas eu de partage des pouvoirs. La révolution accomplie, le citoyen réquisitionne naturellement la totalité des pouvoirs. Et il en écarte les suspects...

Au point que la masse, bientôt, n'a plus confiance dans ces dirigeants, même révolutionnaires, même bolcheviks si elle les épargne. Elle voit en eux des bourgeois, comme les *spets* : des bourgeois que, sauf Chljapnikov, le seul ouvrier à la tête du parti bolchevik, ils sont effectivement.

Les longs cortèges de déportés aux îles Solovki, dans le grand Nord, qu'a filmés Goldovskaja, en 1922, bien habillés et qui travaillent dur, s'agit-il de *spets*, de révolutionnaires opposants, ou d'artistes avant-gardistes, tous anciens thuriféraires du progrès ?

FRANCE, MAI 1968 : UNE RÉPLIQUE ?

Loin de la capitale, une grève des étudiants avait éclaté parce qu'une demande de crédits avait été rejetée. La plupart des professeurs avaient refusé de la suivre car « ils ne faisaient pas de politique ». C'est précisément ce que leurs étudiants leur reprochaient. Ils estimaient que « l'entrée dans la vie doit être le fruit des études, les études en soi ne constituaient pas un but ». L'université devait s'ouvrir à la compréhension de la société, non s'y fermer.

Or, pendant que les étudiants débattaient de ces problèmes et que l'agitation parcourait la ville, le collège des professeurs était préoccupé par une tout autre question : l'élection du recteur.

Les étudiants cependant reprenaient la critique de l'enseignement qui leur était imposé, ils modifiaient le programme d'histoire, changeaient le système de notation.

Dans la capitale, au même moment, les comédiens et le personnel s'étaient rendu maîtres de certains théâtres, modifiaient le répertoire en lieu et place du directeur.

Eh bien non ! ces événements-ci n'ont pas eu lieu en France en mai 1968, mais bien au printemps 1917 à l'université d'Odessa, dans les théâtres de Petrograd et de Saratov.

Concordances frappantes mais qui, pour la France de 1968 et pour *ces faits-là*, n'étaient en rien une reprise de 1917, car ils avaient été effacés par la vulgate soviétique, communiste, trotskiste et demeuraient inconnus. Ils préfiguraient néanmoins ce qui se passa en France un demi-siècle plus tard, puisque les animateurs de ces événements se réclamèrent de l'exemple de la révolution russe.

Les événements de 1968, en France notamment, ne sont-ils pas, à leur manière, et au moins dans une certaine mesure, l'expression d'un ressentiment contre les élites ? Sans doute y a-t-on vu, d'abord, à juste titre, un mouvement de la jeunesse qui a eu un effet moteur d'entraînement. Il a amorcé une dynamique sociale qui transforma la révolte étudiante en crise politique.

Là se trouvait une des différences avec le mouvement étudiant aux États-Unis, qui avait suscité la naissance d'une sorte de contre-société culturelle, avec ses hippies, ou, en Allemagne et au Japon, une contre-société politique, avec son « armée rouge ».

Dans toutes ces situations, la révolte n'en était pas moins associée à l'irruption massive de la classe d'âge du baby-boom d'après-guerre, qui se traduisait par l'arrivée simultanée d'un grand nombre d'individus sur le marché du travail. Cette conjoncture servit de détonateur à un malaise qui avait précédé, pour ces jeunes gens, leur entrée dans la vie.

Dès l'université, dès le lycée même, les jeunes gens avaient commencé à mettre en cause le fonctionnement de la société, ils s'étaient politisés. En 1967, à Strasbourg, la brochure de l'Internationale situationniste dénonçait le statut « d'une couche en voie de massification dont l'avenir ne pourrait être que d'opérer une subversion des institutions ». Ce qui donnait de l'ampleur à leur frustration, à savoir qu'ils n'auraient pas la possibilité de jouer dans la société le rôle qui correspondrait à leurs aptitudes, tenait aussi au fait que cette classe d'âge s'était vu attribuer par la publicité une identité collective en tant que nouveaux consommateurs. En outre, le cinéma et plus encore la musique avaient joué le rôle d'éducateur, une sorte de centre énergétique qui libérait le corps et constituait une contre-culture. Le rock'n roll fut l'agent de cette révolution où se célébraient la fin des périodes de contrainte – celles du temps familial, de l'école, du travail – et l'évasion que permettent des amplificateurs assourdissants.

Entre la non-violence des hippies aux États-Unis et la violence des « blousons noirs » de nos cités, il y avait un trait commun, la mise en cause de leurs parents.

Les premiers leur reprochaient de ne penser qu'à produire et à consommer ; d'être ainsi constamment en contradiction avec les principes moraux sur lesquels ils prétendaient s'appuyer. « Puisque vous bombardez les enfants du Vietnam en récitant la Bible, nous serons sales, mais nous aurons "l'âme propre" », concluent ces jeunes pacifistes américains.

Quant aux seconds, fils d'ouvriers, ils reprochaient aux adultes de n'avoir pas su transformer la société, alors qu'ils ne cessaient de protester contre ses abus. Juchés sur leurs motos, avec de grosses chaînes bardant leurs torses, ces blousons noirs – mes élèves du lycée Rodin – me disaient : « Vous comprenez, monsieur, y en a marre de ces petites grèves à la con que font nos vieux, tout cela pour être augmentés de cent balles, de 2 %... Il faut tout casser pour que cela change. »

On était au milieu des années 1960. Le comportement des uns et des autres traduisait un profond sentiment d'humiliation.

Sans doute les rapports entre pères et fils ont-ils toujours été marqués au sceau de l'ambiguïté. Kafka n'a pas été le dernier à noter qu'ils étaient l'expression d'un ressentiment réciproque. « Je sais bien, écrivait-il à son père, que ton enfance a été très dure, que, nu-pieds, tu devais pousser une charrette dans la neige pour gagner ta vie. Et je sais aussi combien il est vrai qu'aujourd'hui, comment le nierai-je, je dispose d'une vie autrement plus confortable. Mais en quoi ai-je à t'en être reconnaissant ? »

Sauf qu'en 1968 l'action politisée des jeunes se présente en tant que telle, leur protestation n'est pas une simple mise en cause ou une reproduction des griefs de leurs parents comme l'étaient celles des jeunesses communistes, des jeunesses chrétiennes ou d'autres. Non seulement ils vivent une culture parallèle, mais ils ont une morale à eux, une vision spécifique de la société que le cinéma américain a exprimées dans deux films « cultes », *L'Équipée sauvage* de Laszlo Benedek et *La Fureur de vivre* de Nicholas Ray qui révèlent Marlon Brando et James Dean. En France, les films de la Nouvelle Vague révèlent le non-dit des rapports sociaux et constituent une culture parallèle, ceux de Chabrol, Truffaut, Godard notamment. Qu'on touche au temple de ces pellicules, la Cinémathèque, en licenciant leur gardien, Henri Langlois, et, en février 1968, une manifestation imposante, de jeunes essentiellement, proteste vigoureusement. Aussi bien les mêmes manifestent quelques mois plus tard contre la guerre que les États-Unis faisaient au Vietnam et contre la répression que les Soviétiques menaient à Prague. Les lignes traditionnelles du clivage politique avaient sauté.

Mais avait sauté aussi la déférence envers les dirigeants, tous les dirigeants, politiques et syndicaux, aussi bien qu'envers les élites. Le principe d'autorité était remis en cause, bafoué à l'université comme dans les familles.

« Mais pourquoi donc des professeurs ? » demande-t-on avant même que la télévision soit devenue une école parallèle… À voir comment les élites de la pensée – tant Raymond Aron que Roland Barthes – se trouvent dépassés par un mouvement dont ils ne saisissent pas le sens, on comprend que certains de leurs étudiants les jugent désormais stériles et « qu'ils doivent céder leur place à des jeunes qui ont des choses à dire ».

Dans ce contexte, la démocratisation de l'enseignement apparaissait comme un leurre puisque la sélection rejetait la masse de ceux qui ne sont pas les meilleurs au moment choisi, celui des concours, c'est-à-dire ceux que handicape l'absence d'héritage culturel selon Pierre Bourdieu et Jean-Claude Passeron. Ce mode de recrutement devient suspect alors qu'il était le point d'ancrage de la méritocratie. Cette constatation témoignait que les grands principes défendus par les hommes politiques, les juges, les professeurs, étaient en fait un leurre, démenti dans la réalité. Ces jeunes gens avaient d'abord rencontré des professeurs qui continuaient à répéter des programmes conçus à un autre âge, pour une minorité, sans s'être eux-mêmes interrogés sur le contenu ou sur la signification ni sur l'utilité de cet enseignement et de son usage. Aux yeux de certains de ces jeunes, ils se révélaient comme les détenteurs d'un capital, ou comme des oppresseurs d'un type particulier, monopolisant ce savoir comme une marchandise.

La revendication égalitariste atteignit des formes parodiques. À l'université de Vincennes, par exemple, un professeur de philosophie se demandait, gravement, s'il était équitable, puisqu'il n'y avait qu'une seule chaise dans l'amphithéâtre, que ce fût lui qui l'occupât. À l'université de Chicoutimi (Québec), en assemblée générale réunissant professeurs, étudiants, administration, le représentant du collectif des étudiants tint un discours « inédit » : « Cette université étant la moins cotée de l'État, y sont envoyés les enseignants les plus nuls (*sic*). Or, ils ont droit au même salaire que ceux de Montréal. De leur côté, les étudiants ont plus de frais que d'autres, vu les distances : nous demandons qu'une partie du traitement des enseignants soit attribuée aux étudiants. » Votée, la motion fut soumise à l'administration qui promit de l'étudier.

C'est dans ce contexte qu'une sorte de ressentiment contre les enseignants a pu se développer, nourri sans doute par d'autres frustrations. Dans son ombre s'est développé un mouvement dit « pédagogique ». Son but déclaré ? Régénérer les méthodes de l'enseignement, stimuler l'activité propre de l'élève ou de l'étudiant pour qu'il maîtrise le progrès de ses connaissances. Derrière ces intentions, il y avait également, latente et venue d'en bas, l'idée de dessaisir les élites de leur éminence, la volonté d'opérer une sorte de révolution culturelle dont les peu ou mal diplômés constitueraient l'infanterie. On retrouvait là une démarche voisine de celle qui, en 1917, au nom du *Proletkult*, avait remis en cause les fondements de la culture « bourgeoise », et qui avait été également l'expression d'un certain ressentiment contre les élites.

Dans le monde des lettres, la linguistique a constitué l'instrument de cette opération qui démantèle les grands textes au nom d'une scientificité formelle. En histoire, elle s'est couverte de l'alibi de *L'École des annales* pour supprimer récit et chronologie, *a priori* suspects idéologiquement. Elle leur a substitué des questions-réponses formatées, au demeurant fort éloignées de la mise en problèmes instituée comme méthode par Marc Bloch et Lucien Febvre. Une nouvelle classe d'enseignants est ainsi apparue, férue de pédagogie plus que de culture.

Or un mouvement « antiaristocratique », animé d'un ressentiment assez similaire, s'est retrouvé au théâtre. En 1968, l'Odéon est envahi par des comédiens et des intermittents du spectacle qui n'avaient pas été sélectionnés par Jean-Louis Barrault et sa troupe. Lui-même est injurié et chassé de son théâtre sans savoir pourquoi, un trait qu'on retrouve souvent quand explose le ressentiment. Les manifestants critiquaient aussi la nature du répertoire proposé par les grands du spectacle ; comme cela se produisit à nouveau quarante ans plus tard en Avignon, où le festival des troupes consacrées fut perturbé par ceux que les organisateurs n'avaient pas retenus pour les soirées les plus prestigieuses.

Cette chaîne de ressentiments reliait des groupes sociaux divers, certes, pas nécessairement animés de la même colère – il n'y eut pas mort d'homme – mais d'un désir de revanche. À moins qu'il n'y ait eu également, pour certains, le projet de régénérer la société.

Aujourd'hui, à ces manifestations du ressentiment contre les élites culturelles, entre autres, s'ajoutent des figures nouvelles nées de la mondialisation de l'économie et du développement des télécommunications. Robert J. Shiller, économiste à l'université de Yale, note qu'il oppose ces hommes d'affaires transcontinentaux, disposant de réseaux multiples à travers le monde, à ceux dont la compétence s'enracine dans leur terroir ou dans leur ville, et qui, à défaut de connaître le monde, connaissent leurs concitoyens. Leurs modes de vie éloignent de plus en plus les uns des autres ces élites qui revendiquent leur enracinement territorial, de ces

« internationaux » pour qui la nationalité ou l'origine de leurs interlocuteurs importent peu.

À sa manière, il y a deux siècles, Jean-Jacques Rousseau avait pressenti ce phénomène, à une époque où se diffusait l'idée d'une Europe héritée des Lumières. Il écrivait : « Des Européens qui ne sont plus des Anglais, ni des Français, ni des Espagnols [...], qui ont tous les mêmes goûts, les mêmes passions [...]. Que leur importe à quel maître ils obéissent, de quel État ils suivent les lois ?

« Pourvu qu'ils trouvent de l'argent à voler et des femmes à corrompre, ils sont partout dans leur pays. »

Une révolution « contre-révolutionnaire » : l'Allemagne

Pour l'Allemagne de 1918, comme pour la France de 1940, la défaite fut un traumatisme. Les suites en furent, à terme, la prise du pouvoir par les nazis en Allemagne, et, en France, l'instauration immédiate du régime de Vichy.

Il s'est agi de vraies révolutions contre-révolutionnaires, ou conservatrices, quel qu'ait été le qualificatif choisi pour les désigner, ce qui ne signifie pas qu'elles furent similaires dans l'esprit de leurs promoteurs.

Pourtant, il ne faudrait pas associer ces révolutions exclusivement à ces deux défaites ; voire enfermer l'histoire du nazisme entre 1918 et 1945 ou celle de Vichy entre 1940 et 1944. Si la défaite a servi de levier à l'installation de ces deux régimes, leur origine est bien plus ancienne ; elle est d'ailleurs commune à une bonne partie de l'Europe centrale et occidentale. Elle rend compte de la profondeur du ressentiment des Allemands après 1919 et des Français après 1940.

En effet, pendant le demi-siècle qui a précédé la Grande Guerre, la société européenne a connu et subi des changements sans précédent. Aux autorités reconnues et déclarées du temps passé – le prêtre, le monarque, la loi, l'officier, le patron – se sont ajoutés de nouveaux maîtres anonymes et incontrôlables : les cours des marchés mondiaux. Ce sont eux qui baissent brutalement les prix agricoles, suscitant la ruine des campagnes, eux qui déclenchent une crise économique, eux qui font ou défont la mode ou l'opinion. Dans ce monde étrange qui se transforme si vite, des activités millénaires disparaissent, des métiers naissent et meurent avant que ne passe une génération, un brevet d'invention chasse l'autre pour mourir à son tour.

Et toujours au nom du progrès, de la loi, de la liberté.

Ces changements ont projeté les individus dans une société atomisée. Ils les ont déracinés, suscitant un sentiment d'abandon. Dans les pays les plus touchés par ce développement exacerbé du capitalisme, le besoin de trouver des recours, des solidarités, constituait une forme de résistance à ce libéralisme jugé cause de tous les malheurs. Syndicats et corporations se développent ou se reconstituent à côté des partis politiques de masse. « On goûte le plaisir instinctif d'être dans un troupeau », écrit Maurice Barrès dans ses *Cahiers*.

Vérité en France, vérité en Allemagne où, contre cette modernité, se dressent à la foi les Églises – car ces changements s'accompagnent d'une sécularisation de la vie –, les anticapitalistes de la gauche révolutionnaire qui comptent sur la classe ouvrière pour instaurer le socialisme, mais également les nostalgiques du temps passé. En France, après la défaite de 1870, rôde la crainte de la décadence démographique et économique. Des crises révélatrices d'un grave malaise explosent, qu'il s'agisse de l'affaire Dreyfus ou du scandale de Panama. En Allemagne, le mécontentement global ne provient pas seulement des seules conditions économiques extérieures – le corset omniprésent de la puissance britannique qui freine l'expansion – ou de la crainte de la guerre. Elle vient d'une insatisfaction globale qui sourd des changements brutaux que connaît la société dans toute l'épaisseur de sa culture. C'est précisément alors que Nietzsche et Scheler, pendant ces années d'avant 1914, écrivent sur le ressentiment dans la société. Celui-ci s'exprime contre la bourgeoisie et ses valeurs, le libéralisme et « les juifs qui l'incarnent », le parlementarisme – « une plaisanterie bourgeoise », dit Lénine –, l'exploitation de l'homme par l'homme. Il suscite des aspirations contradictoires mais toutes passionnément vécues : qu'il s'agisse du nationalisme ou de l'internationalisme.

Le projet d'une révolution socialiste, ou celui d'une réaction conservatrice et nationaliste, puise ainsi en Allemagne comme en France au même malaise consécutif au choc d'un changement économique trop brusque. Et à la crainte en Allemagne de ne pouvoir s'épanouir faute d'avoir suffisamment de colonies, en France de disparaître comme grande puissance.

Avant même qu'existent de grandes organisations de « gauche » ou de « droite », on comprend que des hommes aient pu circuler d'un bord à l'autre. Tel est le cas emblématique de Georges Sorel, qualifié de père à la fois du syndicalisme révolutionnaire et du fascisme.

C'est aussi le cas, à la veille de la guerre, des socialistes internationalistes et pacifistes dont les leaders, au Congrès de Stuttgart ou ailleurs, ne se regroupent pas par tendances du socialisme (révisionnistes, radicaux) mais par nationalités, reproduisant ainsi l'ordre institué par les gouvernements qu'ils prétendent combattre en luttant contre la guerre. Les socialistes français se montrent revanchards vis-à-vis des socialistes allemands et amicalement condescendants vis-à-vis des Russes qui disposent de peu de socialistes à la Douma. De sorte que tous ces internationalistes obéissent aux dispositifs de relations entre États et d'appartenance à une patrie.

C'est ce sentiment national qui, en 1914, balaie tout, cet « instinct, disait Benedetto Croce, plus profond que le socialisme et tous ses raisonnements » ; il « enracine ceux qui se voyaient déracinés ». « Je n'ai pas besoin de vérités abstraites », disait Paul de Lagarde, un des prophètes de l'antisémitisme allemand, chantre désespéré d'une régénération de son pays qu'il juge voué à un avenir lumineux, car il est « un modèle de civilisation », comme l'écrit aussi Thomas Mann, en 1914.

Quand la guerre éclate, en 1914, sont oubliés au premier coup de clairon, en Allemagne comme en France, les serments pacifistes de la veille. Outre-Rhin se manifeste « une excitation croissante due au sentiment d'"insécurité[13]" ». D'abord, dit-on, la guerre va transformer la vie, ensuite la victoire va tout résoudre. Tel est le mythe allemand qui précède ce qu'en 1918 fut le mythe français de la « der des ders », la dernière des guerres.

---

13. Jeismann, p. 262.

Or, rentrant chez eux après trois ou quatre années passées en territoire ennemi, les soldats allemands « *revenus invaincus du champ de bataille* », leur sol inviolé, participent enthousiastes à des cérémonies du retour qui cristallisent leurs illusions. Brutalement, les Allemands découvrent les clauses de l'armistice avant que, dans le traité de Versailles, les vainqueurs ne jugent leur pays coupable et responsable de la guerre. La violence du ressentiment contre ceux qui acceptent de reconnaître pareilles clauses n'a d'égale que celui qu'ils nourrissent contre leurs soi-disant vainqueurs.

La guerre était terminée mais, dans les têtes, elle n'était pas finie.

Quant à la population civile, alors qu'en temps de guerre la vie avait continué comme avant – hormis les restrictions de plus en plus sévères avec le temps –, la révolution spartakiste de 1918 apporta des changements brutaux dans la vie quotidienne : grèves, fusillades, cortèges, vitrines brisées. Tandis que, durant la guerre, le sens des événements était clair, ceux auxquels elle assistait paraissaient incohérents et confus.

L'humiliation d'être traité en vaincu et en coupable quand on n'a pas senti le poids de la défaite et qu'on se juge porteur d'une civilisation supérieure – l'éminence des Allemands était bien reconnue dans le domaine des sciences, de la technique, de la culture philosophique ou musicale –, voilà qui ajoute au ressentiment qui s'exerce, selon Thomas Mann, tel un « Versailles intérieur » contre ceux qui assument cette situation. Bientôt sont victimes d'attentat par l'extrême droite des signataires du traité de Versailles – Erzberger –, des révolutionnaires qui jugent que l'Allemagne a sa part de responsabilité dans l'éclatement de la guerre – Kurt Eisner –, ceux qui estiment que le paiement de réparations permettra de retrouver un climat de paix – Walter Rathenau. Pendant les toutes premières années qui suivent l'armistice, on comptabilise 376 assassinats politiques dont 354 frappèrent des hommes de gauche.

Or, avec l'occupation de la Ruhr et l'inflation – le dollar passe de 10 425 marks à 4 200 milliards de marks –, on observe, en 1923, la première poussée hitlérienne jusqu'à un putsch raté que cautionne le général Ludendorff. Surtout cette inflation – du jamais vu – projette les classes moyennes dans le plus profond désespoir, ressuscitant au centuple les sentiments d'insécurité apparus dix ans plus tôt, à la veille de la guerre.

Les livraisons obligatoires de charbon au titre des réparations suscitent des manifestations où s'exprime la colère d'une société humiliée et qui mûrit sa vengeance – mais dans l'impuissance. Voilà qui lui fait sécréter des projets de grandeur à retrouver, et d'avenir glorieux. Déjà, en 1922, Moeller van der Bruck, le théoricien du néoconservatisme, fait appel à la jeunesse allemande et chante la poussée démographique qui permet à la force du génie allemand de se déployer ; il faut « profiter de la défaite apparente pour préparer une vraie victoire ». Cette espérance, Oswald Spengler la popularise en faisant référence au « solidarisme disciplinaire hérité de la Prusse, seul capable de protéger la race blanche contre l'assaut des classes inférieures ». Cette autre révolution, destinée à renverser la république de Weimar intronisée dans « les fourgons de l'étranger » et à instaurer un Troisième Reich appelé de ses vœux par Moeller van der Bruck, ne saurait être que nationale. C'est ce qu'explique une pléiade de publicistes qui discréditent la démocratie représentative et parlementaire et dessinent ce que devrait être ce pays débarrassé de ses partis politiques qui se battent entre eux et que menace un nouveau « coup » des communistes. Toutes ces idées sont reprises, galvanisées par Hitler dans *Mein Kampf*, qui rappelle avec Goebbels et Alfred Rosenberg la nature du combat que les Aryens doivent mener contre les Internationales européennes et leurs agents du dedans comme du dehors, les juifs.

Telle est la forme, analysée par Philippe Burrin, que prend le ressentiment chez ces leaders que la crise de 1929, une véritable apocalypse sociale avec ses six millions de chômeurs et ses milliers de faillites, va conforter. Le nazisme va y répondre par une révolution sociale plébéienne et contre-révolutionnaire ainsi que par des mesures de vengeance contre ceux que le Führer juge responsables de ces malheurs. Trois mois après son accession au pouvoir, cinq cent mille personnes (communistes, social-démocrates, libéraux et chrétiens) étaient envoyées dans des camps de travail forcé, imaginés par Goering. Les juifs allaient suivre.

La victoire devait tout résoudre pour les Allemands.

C'est bien un ressentiment personnel qui, au départ, anime Joseph Goebbels contre les juifs. Il venait d'être docteur en philosophie, avait écrit un drame chrétien, *Judas Iscariote*, et sollicité un emploi de rédacteur au *Berliner Tageblatt*, journal dirigé par un juif favorable au régime de Weimar. On lui renvoya ses articles. Autre humiliation, un recueil de notes politiques, *Michaël, un destin allemand*, lui est refusé par un éditeur, Ullstein, juif lui aussi. Cette double blessure le transforme en antisémite forcené auquel il était étranger, lui qui avait dédicacé un poème de Heine, juif, dont il fera brûler les œuvres quinze ans plus tard, à Hanka, son premier amour.

Ce ressentiment personnel se greffa bientôt sur l'antisémitisme de Karl Kaufmann, chef du parti national-socialiste d'Elberfeld, auquel il propose sa collaboration et qui lui fit rencontrer Hitler. Kaufmann, un ancien des corps francs, avait appartenu au groupe pangermaniste et antisémite *Schutz-und-Trutsbund* (Ligue offensive et défensive), responsable de l'assassinat de Rathenau.

Contrairement à ce qu'il a laissé entendre, et comme l'a démontré Brigitte Hamann, rien ne prouve que Hitler ait été antisémite avant l'armistice de 1918 : xénophobe, certes, il l'est, à Vienne où il fustige la présence de Tchèques, de Slovènes et de juifs aussi, mais au même titre que les autres. Rien, pendant la guerre, sa correspondance par exemple, ne témoigne d'un antisémitisme identifiable. De sorte qu'à la différence de Goebbels aucun ressentiment personnel ne l'anime. On sait bien, par exemple, qu'aucun juif ne figurait parmi les membres du jury qui l'avaient éliminé à l'examen d'entrée de l'École des beaux-arts, qu'il nourrissait même une amitié certaine pour le médecin de sa mère qui était juif.

C'est à Munich, plus tard, que se cristallise son antisémitisme, pour autant que cette ville « purement allemande » lui est chère et qu'elle devient l'un des foyers de la révolution de 1918 : à la tête du conseil ouvrier, soldat et paysan se trouve un social-démocrate indépendant, c'est-à-dire proche des spartakistes, qui est juif.

Hitler note aussi que Bela Kun, en Hongrie, l'est également, comme Karl Marx, et comme les « judéo-bolcheviks » – Trotski, Zinoviev, etc. – selon ses termes, qui pourraient pervertir l'identité allemande ainsi qu'ils l'ont fait de la civilisation russe. C'est donc d'abord le juif en tant que révolutionnaire qu'il combat, écrivant d'ailleurs bientôt avec Dietrich Eckart un opuscule, *Le Bolchevisme, de Moïse à Lénine*. Car le deuxième aspect de son antisémitisme est bien la mise en cause du judaïsme, coupable d'avoir enfanté le christianisme qui a dévirilisé les races nordiques, comme l'enseigne Hans F. Gunther, un des théoriciens les plus populaires du « nordisme ». Le racisme noue ces différentes considérations, inspiré chez Hitler par l'art envoûtant de Wagner et les écrits de Gobineau et de Houston Chamberlain, de Nietzsche aussi, qu'en vérité il n'a pas lu. D'ailleurs, il interprète mal le concept de surhomme – un combat intérieur – et il n'a pas vu que Nietzsche condamnait et méprisait les antisémites. Alors que la dimension anticapitaliste de son antisémitisme est centrale chez Goebbels, c'est tout autant la lutte contre « le complot juif international » qui mobilise Hitler. Tandis que celle-là hérite du climat antibourgeois d'avant-guerre, celle-ci a été revivifiée par la traduction en allemand des *Protocoles des Sages de Sion*, cet opuscule antisémite entièrement fabriqué et qui décrit les tenants du complot imaginaire. Kellog a récemment prouvé que ce sont les immigrés russes blancs, venus des pays baltes et d'Ukraine, qui avaient apporté les *Protocoles* dans leurs valises et contribué à donner une forme synthétique à l'antisémitisme de l'extrême droite allemande.

Ces différents registres ne sont pas abordés de la même façon. Ainsi, dans les conversations privées de Hitler, en particulier celles qu'a enregistrées Martin Bormann, ou encore dans ce qu'en rapporte Goebbels, la haine des juifs est avant tout celle du peuple qui a enfanté le christianisme, « le tour de ses prêtres viendra après », répète-t-il. Mais ces propos ne sont jamais tenus en public pour ne pas s'aliéner les croyants.

Chez Goebbels, le juif est défini comme un obstacle à la régénération de l'Allemagne – c'est-à-dire au succès du régime : le peuple allemand devient ainsi la victime des juifs, il les insulte et il les menace. Obstacle à la pureté de la race, telle est l'antienne pour Hitler et Goebbels, le juif est constamment stigmatisé. Plus tard, passée l'époque du Pacte germano-soviétique et venus les premiers déboires de la campagne de Russie, le complot judéo-bolchevique refait un retour en force, les juifs sont dénoncés désormais comme incarnant cette alliance « contre nature » du capitalisme et du communisme, les deux ennemis du peuple allemand.

En pleine guerre, le mythe du complot et le mythe aryen se sont ainsi rejoints : la machinerie de l'extermination étant déjà en marche, la force du ressentiment a fini par prendre le pas sur l'exigence de survie de la nation allemande, « avant tout poursuivre l'extermination », ordonne Hitler à l'heure de la défaite. Ce ne fut pas un ordre écrit, mais, comme les injonctions antérieures, il fut bien appliqué.

Chacun de ces registres – l'antijudaïsme, la responsabilité des juifs dans l'essor des révolutions, leur rôle économique, l'internationale « sioniste », le racisme – avait animé le ressentiment des dirigeants nazis contre les juifs. L'idée principale qu'exprime en 1940 le film de Veit Harlan, *Le Juif Süss*, en collaboration avec Goebbels pour la populariser, est étroitement liée à l'argumentaire raciste : que le juif reste au ghetto, il incarne les strates inférieures de l'humanité ; qu'il en sorte et se modernise, alors il pollue le reste de la société et il faut s'en méfier. L'écarter, l'éliminer, l'exécuter devient une œuvre de salut public.

Ce sont bien là les trois phases du comportement des nazis : avant guerre, chasser les juifs allemands d'une manière ou d'une autre ; puis, au début de la guerre, les confiner dans des zones isolées, des ghettos, enfin les exterminer et quand la défaite se profile à l'horizon, faire du génocide une priorité, « ma seule vraie victoire », dit Hitler avant de se suicider.

Si l'on sait bien qu'un profond ressentiment a animé les Allemands contre le traité de Versailles et que ce ressentiment perpétuait avec une violence décuplée les griefs que ces Allemands nourrissaient déjà avant la guerre, se jugeant victimes de l'Histoire[14], on sait également qu'un certain antisémitisme existait dans le pays comme dans toute une partie de l'Europe d'ailleurs.

Mais il reste que ni l'extermination des populations slaves – une partie du programme nazi – ni celle des juifs dans leur totalité n'avaient jamais été envisagées par des dirigeants ou des groupes, quels qu'ils soient. Or les nazis ont fait de la persécution puis de l'extermination des juifs une priorité, ce qui n'était pas le cas de la majorité des Allemands, même s'ils s'y sont associés, et plus largement qu'ils n'ont voulu l'admettre après coup.

S'ils ont pu affecter de ne pas s'en apercevoir, c'est que jusqu'aux victoires de l'été 1941, ils avaient vécu des moments inoubliables. Depuis 1933, le caractère mystérieux des mécanismes économiques semblait dépassé, la peur du déclassement surmontée, l'ordre autoritaire oublié du fait d'une guerre qui les faisait tous égaux, sûrs de la victoire de leur race. À l'heure de la défaite, les Allemands n'exprimèrent aucune repentance, mais

---

14. Voir plus loin, p. 151.

n'eurent non plus aucun ressentiment contre leur Führer bien-aimé.

Demeure ainsi le mystère du comportement de cette société civilisée, sans doute la plus cultivée d'Europe, qui a pu, peu ou prou, participer à des violences, à des crimes inconnus jusqu'à ce jour dans l'Histoire.

Vichy : à chacun son ressentiment

En France, le ressentiment qui s'exprime au lendemain de la défaite de 1940 ne découle pas d'une explosion de colère, comme en Allemagne en 1919, mais d'un abattement provoqué par ce naufrage sans précédent dans l'histoire du pays. L'autre poussée de ressentiment, à l'heure de la Libération, prend la forme d'une épuration aux accents vengeurs qui est, elle aussi, une réaction aux humiliations de la défaite comme de la politique de collaboration.

Dans l'entre-deux, aux sommets de l'État français, les règlements de comptes se succèdent sous l'œil de l'occupant.

À chacun son ressentiment.

En 1940, persuadés que la guerre est finie, que « l'Angleterre aura le cou tordu comme un poulet », les nouveaux dirigeants s'installent dans la défaite. Retourner les alliances « comme Napoléon à Tilsitt », dit Pétain, voilà qui permettra de sauver ce qui peut l'être : l'Empire, la flotte, la souveraineté sur une partie du territoire. L'installation à Vichy est perçue comme provisoire.

Pour Pétain, une ère nouvelle de l'Histoire commence, celle de la « régénération » de la France. « C'est l'abandon de l'effort qui nous a menés jusque-là », dit-il, et, selon lui, la faute en revient au Front populaire.

Blum est deux fois coupable de la défaite pour avoir
incarné ce régime honni et pour avoir été belliciste
quand chacun savait que la guerre serait perdue. Mais
Paul Reynaud et Mandel l'étaient également pour avoir
poussé à l'intransigeance contre Hitler, et stigmatisé
ensuite l'incapacité du commandement militaire, ce qui
avait démoralisé la nation.

À Paul Reynaud, il reproche aussi d'avoir appelé
Weygand au commandement des armées après le limo-
geage de Gamelin. « Weygand, je ne l'aime pas », lui a-
t-il dit. Ancienne jalousie et vieux ressentiment personnel contre celui qui fut l'adjoint de Foch, généralissime
qui lui succède en 1918 et lui « souffle » l'honneur de la
victoire en interrompant les hostilités au moment où,
avec le général Pershing, il allait entrer en Allemagne.
Au lendemain de l'armistice, dont il a été le partisan le
plus actif, son intransigeance face aux Allemands paralyse la politique de collaboration telle que Pétain entend
la mener. Il finit par s'en débarrasser, lorsqu'il condamne
les concessions faites aux Allemands : des bases en Syrie
et des facilités pour passer en Afrique du Nord.

Pétain ressent la même humiliation, nourrit le même
ressentiment contre Laval, à qui il doit pourtant de l'avoir
débarrassé du parlement le 10 juillet 1940, d'avoir mené à
bien le suicide de la République et l'instauration de cet
État français dont il est désormais le chef. Se sachant plébiscité par la grande majorité des Français – au parlement, en janvier 1940, par conséquent avant la défaite, la
gauche et la droite avaient acclamé sa nomination au
gouvernement de Paul Reynaud –, Pétain est jaloux de
son autorité et, avec ses autres ministres, il morigène
Laval qui s'approprie les relations avec les Allemands et
qui monte – ce que Pétain et Baudouin, son ministre des

Affaires étrangères, n'ont pas réussi – la rencontre avec Hitler à laquelle Pétain tenait tant.

Après cette rencontre de Montoire, en octobre 1940, qui scelle la politique de collaboration, se sentant dessaisi de cette politique, Pétain se débarrasse de Laval qu'il remplace par Darlan. Mais, en 1942, les Allemands ayant considéré le renvoi de Laval comme un affront, il se voit contraint de le rappeler à la tête du gouvernement.

De fait, le renvoi de Laval, en décembre 1940, contribue à construire le mythe du « double jeu » du maréchal, Laval apparaissant comme l'incarnation de la politique de collaboration, ce que confirme, en 1942, le discours où il déclare « souhaiter la victoire de l'Allemagne ». Au contraire, en affichant ses bonnes relations avec l'ambassadeur des États-Unis, Pétain semble avoir deux fers au feu. S'il est vrai qu'il aime les Américains et déteste les Allemands, la lutte de ceux-ci contre la Russie bolchevique et la pression de l'occupant renforcent la politique de collaboration : le désaccord avec Laval et le ressentiment du maréchal étaient d'ordre personnel avant tout.

Avant de ressasser sa rancœur envers Pétain, de vieux comptes à régler avaient fait de Laval l'allié et le parrain de la politique du maréchal. Ainsi, en juillet 1940, à Vichy, « il avait voulu châtier le parlement de l'avoir chassé en 1936 et ne l'avait plus écouté depuis[15] ». Il jugeait qu'en 1935-1936 seule sa politique de « petits pas » envers l'Italie, l'URSS, l'Angleterre aurait pu permettre de neutraliser Hitler, mais les concessions faites au Duce en Éthiopie avaient causé sa chute. Et depuis,

15. Fred Kupferman.

cet ancien chantre, avec Briand, de la réconciliation franco-allemande, en voulait aux « va-t-en-guerre ». En 1938, il avait été munichois, mais de façon très discrète car il détestait Daladier, le signataire, et s'était tu. Il nourrit également un vif ressentiment contre la Grande-Bretagne, qui a donné sa garantie aux Polonais et a ainsi entraîné la France dans la guerre alors que ces mêmes Polonais avaient profité de la crise de Munich pour annexer Teschen et n'auraient donc plus dû attendre de garantie des Franco-Britanniques. Sa rancœur et son anglophobie n'ont pu que le conforter dans sa politique de collaboration, même s'il s'est opposé à ce que le retournement d'alliance n'aboutisse à une déclaration de guerre à la Grande-Bretagne, ce que demandaient les collaborationnistes, Déat et Doriot.

À Vichy, il en voulait surtout à l'entourage du maréchal, tous plus ou moins liés à l'*Action française*, et thuriféraires de cette révolution nationale bénie par l'Église, des antiparlementaires dans l'âme, sinon anti-républicains, tels Alibert et Weygand.

C'est l'époque de la révolution nationale – même si son sigle « Travail, Famille, Patrie » a été imaginé par Laval, Pétain y ayant ajouté « Ordre », ensuite retiré – animée par une hostilité aux traditions républicaines, de la démocratie, du parlementarisme représentatif et qui datait d'avant 1914. Même si Pétain s'était tenu à l'écart de cette mouvance qu'on peut dénommer « fascisante » – et c'est pour cela qu'on l'avait qualifié de « maréchal républicain » – , il n'est pas moins vrai que bon nombre des ministres et conseillers qui l'entouraient avaient été des acteurs du coup d'État manqué du 6 février 1934 : Scapini, qui devient « ambassadeur des prisonniers », Xavier Vallat, incarnation de l'antisémitisme parlementaire, Philippe Henriot, le seul orateur aussi doué que les speakers de « Ici-Londres, les Français parlent aux Français », Adrien Marquet, l'un des fondateurs avec Marcel Déat du parti néo-socialiste, bientôt parafasciste. Tout ce monde ne rêve que de revanche et, parrainé par le haut clergé, satisfait son ressentiment contre la République radicale, radicale socialiste, et socialiste, en commençant par mettre fin à la vie du parlement. Cela convient d'ailleurs au maréchal « qui ne parle pas à ces gens-là », alors que Laval, parlementaire dans l'âme, avait seulement voulu régler ses comptes avec cette représentation élue en 1936.

Cette première figure du régime de Vichy permet aux rancis de l'échec du 6 février et à tous ceux qui, dès l'avant-guerre de 1914, dénonçaient les responsables de la décadence française d'assouvir leur ressentiment contre les « va-t-en-guerre », les francs-maçons, les juifs, sans parler des communistes déjà mis au ban de la nation par Daladier depuis l'époque du Pacte germano-soviétique.

Tétanisés par la défaite, par l'occupation de plus d'une moitié du pays, les Français de ces premières années troubles sont relativement peu concernés par les changements politiques. Dans l'attente du retour des prisonniers, souvent à la recherche d'un travail, vite sensibles aux difficultés de se ravitailler vu les réquisitions opérées par les Allemands, ils morigènent les responsables de la défaite, les hommes politiques d'ailleurs plus que les chefs militaires. Mais le choix d'un camp, Londres ou Berlin, ne fut pas leur préoccupation première. Comme le rappelle justement Pierre Laborie, on sait qu'une majorité de Français a pleuré la défaite tout en souhaitant l'armistice, qu'elle a pu applaudir le maréchal Pétain avec ferveur tout en rejetant le régime de Vichy, être hostile à l'occupant sans être pour autant résistants. Elle s'est longtemps accommodée de l'Occupation tout en rêvant de la Libération...

Quant aux mesures prises contre les juifs, tant qu'elles n'ont pas pris la forme d'arrestations, d'internements, de déportations dès 1942, femmes et enfants compris, tout s'est passé comme si la question n'existait pas, comme si personne ou presque n'était au courant. L'eût-on été qu'on n'en était pas plus ému car, en 1940, longue est la cohorte des réprouvés : parlementaires, francs-maçons, fonctionnaires évincés ou destitués, préfets et sous-préfets, républicains espagnols de même ; ce qui l'emporte : silence et indifférence.

Pourtant, note Pierre Laborie, après l'automne 1942, « la violence des émotions devant le sort fait aux juifs a modifié le regard qu'on porte sur eux... ». Ils sont perçus désormais, femmes et enfants surtout, comme d'innocentes victimes. Mais quelle est la portée de ce changement : « Il faut bien s'interroger [...] sur la signification du nouveau silence qui pèse, à la Libération, cette fois sur le génocide[16] » que personne n'imaginait.

Fin 1942, la situation avait changé. Le débarquement allié en Afrique du Nord, l'occupation de la zone libre par les Allemands, le sabotage de la flotte française à Toulon, l'instauration du STO (Service du travail obligatoire), le refus des jeunes d'y participer et la naissance des maquis, autant d'événements nouveaux qui créèrent un climat de guerre civile, dès lors que la milice de

---

16. Pierre Laborie, p. 160.

Darnand coopérait avec les occupants pour réprimer, déporter, arrêter, fusiller.

L'autre élément moteur est bien le durcissement des autorités allemandes, soutenues par les fascistes français, tels Doriot ou Déat qui, sans doute, ne se disent pas tels mais ne le sont pas moins. Ils accusent Vichy de ne pas déclarer la guerre aux Anglo-Américains et, depuis Paris, diffusent un discours collaborationniste qui, en épargnant le maréchal, accuse Laval de trahir la collaboration et la révolution sociale, « Laval, cet enjuivé », titre *Je suis partout* du 24 septembre 1943. Ce n'est pas ce que pensent les dirigeants allemands qui préfèrent l'ambiguïté de la politique de Laval à une insertion de la France de Vichy dans l'univers nazi.

D'où le ressentiment des chantres d'un ajustement des institutions et des pratiques de la France sur l'exemple nazi, qui voient trompés leurs espoirs. Jusqu'au dernier moment, leur exil à Sigmaringen avant la libération de Paris, Hitler refuse la constitution d'un gouvernement Déat-Doriot bien que Pétain, enlevé par les Allemands, et Laval aient cessé d'exercer même fictivement leurs fonctions.

Rivaux en collaborationnisme, Doriot et Déat le sont bien. Toutefois, le premier vient du parti communiste ; partisan d'un Front populaire avant la lettre il a été exclu pour y avoir pensé trop tôt et, par rancœur, il n'a plus cessé de le combattre. Mais s'il dispose d'une base populaire à Saint-Denis, il est prudent. Car, en 1939, la conclusion du Pacte germano-soviétique l'a laissé sans voix, tout comme la plupart des communistes. Le parcours de Marcel Déat est différent. Disposant d'une bonne plume qu'il exerce à *L'Œuvre*, faute de base ouvrière, il n'a connu que déconvenues entre 1930 et 1945. S'il fallait le définir, on pourrait dire qu'il incarne en France l'homme du ressentiment : humilié, vindicatif, combinant toujours de nouveaux plans d'avenir.

Son parcours fait bien comprendre la nature et les raisons des fascistes français. En 1940, l'homme qui n'avait pas voulu qu'on se batte « pour Dantzig », jugeant que l'Histoire lui a donné raison, propose tout un programme d'insertion de la France dans une Europe allemande. Il pense que pourra enfin s'accomplir ainsi la révolution sociale de ses vœux.

Comparant la situation de la France et de l'Allemagne à l'automne 1918 et à l'automne 1940, et développant toute une argumentation pour justifier la création, en France, d'un parti unique, Marcel Déat expliquait qu'il entendait constituer un parti « copié sur le parti nazi, mais qui lui ressemblera comme une messe noire à une messe blanche ». En effet, explique-t-il, alors que le parti nazi s'était fondé sur le rejet du diktat de Versailles, celui qu'il projetait serait fondé sur l'acceptation inconditionnelle de la défaite. Alors que le parti nazi s'était fondé sur le mythe de l'innocence de l'Allemagne, qui n'aurait donc pas provoqué la guerre en 1914, le parti français le serait sur le mythe de la responsabilité unilatérale de la France et de l'Angleterre en 1939. Enfin, alors que le parti nazi s'était fondé sur la revendication de l'espace vital, le parti français serait cimenté par « la résignation des Français à devenir un petit État agricole, le verger et le Luna-Park de l'Hitlérie ».

Ces raisons, données au lendemain de la défaite, furent largement diffusées sous l'Occupation et eurent peu de succès, même si elles connurent un assez large écho : jamais le Rassemblement national populaire ne dépassa les 20 000 à 30 000 adhérents pour les deux zones. En 1940, Pétain en avait rejeté le principe, car « par définition une fraction ne peut être un tout », mais il avait retenu l'idée d'une force de soutien qui lui convenait : ce sera la Légion française des combattants. À ceci près qu'il en est le chef. Jugeant que cette Légion ne préconise pas avec assez de ferveur la collaboration franco-allemande et écarté de sa direction, Déat la quitte, estimant « qu'il a été joué » !

Un retour en arrière permet de constater que ce n'était pas son premier déboire…

Socialiste depuis 1919, anticlérical et violemment antibolchevik, il juge que la gauche révolutionnaire est, depuis la scission de Tours entre les communistes et les socialistes, comme « une Église dispersée après une persécution ». Pour autant que les extrémistes ont surestimé l'ébranlement du pays à la suite de la Grande Guerre, que le parti communiste a « cassé les forces ouvrières », il se veut réformiste et estime que la victoire se situe au centre, comme on disait alors, c'est-à-dire avec l'appui de la petite bourgeoisie. Il faut donc participer aux gouvernements dirigés par le parti radical. Ce à quoi Blum se refuse, « cette infirmière du vieux parti qui, au lieu de le réveiller, maintient en état de léthargie et stérilise sa force renaissante », juge Déat.

Blum avait pourtant fait l'éloge de ce bretteur toujours en alerte, mais il ne suit pas son avis lorsque au début de 1929 Daladier, un radical socialiste, lui propose de participer à son gouvernement. Or, pour Déat, ce n'était pas une question de tactique. Il jugea que le parti ne devait pas se polariser seulement sur la classe ouvrière, ou demeurer tétanisé par la menace et la concurrence communiste. Le parti doit aller de l'avant, juge-t-il, ce qu'il explique dans *Perspectives socialistes*, un ouvrage assez proche des idées planistes d'Henri de Man. « Ce fut un coup de bélier qui ébranla tout », écrit-il dans ses *Mémoires*, où il donne libre cours à sa forfanterie. On fit silence autour de lui : « Total silence dans le parti, pas le moindre compte rendu dans *Le Populaire*. Jamais, ni Auriol ni Léon Blum ne m'en dirent un mot ; fût-ce pour m'en accuser réception... C'est de ce livre que date ma rupture avec Léon Blum qui acheva de comprendre que je n'étais pas d'humeur à me comporter comme un disciple docile et que je ne tarderai pas à devenir gênant... Car ma popularité gagnait et un esprit comme Blum, né pour être grand prêtre, ne saurait pardonner. »

Ne manquant pas de mettre en cause la distinction opérée par Blum, dès avant 1936, entre la prise du pouvoir et l'exercice du pouvoir, il juge que celui-ci ne permettrait pas des réformes de structure mais seulement de répartition. Déat se pose ainsi en théoricien d'un néo-socialisme qui fait scission en effet avec Renaudel, Monzie et Marquet, etc., tous critiques des « parleurs flageolants » et dont l'un des slogans, « ordre, autorité, nation », épouvante Léon Blum. Il s'agit d'instituer des formes intermédiaires entre capitalisme et socialisme, la voie fasciste constituant, selon eux, un itinéraire possible d'instauration du socialisme à condition de maintenir la liberté et le régime parlementaire.

Hostile à l'intervention en Espagne, favorable à des négociations avec Hitler, car « il faut être bouffon pour s'indigner qu'Hitler veuille refouler les Slaves », Déat approuve les accords de Munich et suit Georges Bonnet, le ministre des Affaires étrangères prêt à toutes les concessions à l'Allemagne nazie par anticommunisme. Son article « Faut-il mourir pour Dantzig ? », publié dans *L'Œuvre*, fait de lui le leader des pacifistes, la coupure entre pacifistes et bellicistes se surimposant à la coupure entre la gauche et la droite.

Redoutant la défaite plus que ne la souhaitant – distinction qui vise Maurras et les siens, ces conservateurs « qu'il hait depuis toujours » –, Déat juge, en juin 1940, qu'il a eu une fois de plus raison, ce qui est bien dans sa manière.

Dès le 5 juillet 1940, il préconise dans *Le Moniteur* du Puy-de-Dôme la création d'un Rassemblement national populaire, à vocation de parti unique que Bergery et les « néos » (socialistes) rejoignent ainsi que Doriot et son PPF, carrément fasciste. Déat compte sur Laval mais celui-ci ne le prend pas dans son gouvernement. En tirant à boulets rouges sur Vichy qui ne collabore que chichement, avant comme après Montoire, il laisse croire à Pétain et à Raphaël Alibert, ce maurassien, « larve juridique pleine de rancœur », auteur du statut des juifs, qu'il travaille pour Laval. Il est arrêté le 13 décembre. Puis, comme Laval, il est relâché grâce à l'ambassadeur allemand à Paris Otto Abetz dont il a les grâces, et sur l'injonction de Hitler.

« Nous ne laisserons pas assassiner la France et sommes résolus à tout », écrit-il dans *L'Œuvre* du 3 mars 1941. Il s'en prend désormais à Darlan et propose un retour à Paris, vraie capitale : « Fermons Vichy ! » Mais quand Pétain se résout à reprendre Laval, celui-ci l'écarte une seconde fois de son gouvernement, le jugeant peu dangereux vu la concurrence que lui fait Doriot.

Déat avait repris pied depuis l'attaque allemande contre l'URSS en juin 1941, mais aucun gouvernement Doriot-Déat n'avait été imaginé par les Allemands : ils préféraient le couple Pétain-Laval. Lorsque se constitua

la Légion française contre le bolchevisme, « pour prévenir toute dénonciation de défilade comme empreinte de
duplicité et de lâcheté, il fut décidé que (comme Doriot)
nous nous engagerions dans la LVF, au moins Deloncle,
Fontenoy et moi [...], je prendrais le commandement du
3e bataillon ».

Mais le jour de la prise d'armes de cette Légion, où
il avait été en compagnie de Laval, Déat fut victime d'un
attentat. Il avait déclaré qu'il ne mettrait jamais les
pieds à Vichy, et que, s'il devenait ministre, il ne prête-
rait pas serment à Pétain, jugé trop frileux à l'égard de
l'Allemagne nazie. Imposé par cette dernière, il entre
enfin au gouvernement de Pierre Laval comme ministre
du Travail et de la Solidarité nationale. Sa nomination
fut annoncé dans le *Völkisher Beobachter*, organe du
parti national-socialiste. Laval dut accepter sa nomination que Pétain refusa de signer.

Ministre « illégal » nommé par les Allemands, il
arracha pan par pan des pouvoirs au gouvernement.
Laval lui confia le Service du travail obligatoire, ce qui
n'était pas une faveur. Non seulement il s'en accom-
moda, mais cela lui convenait parfaitement.

Comme d'autres collaborateurs, il fuit à Sigmaringen. Pétain et Laval ayant démissionné, Déat crut que
son heure était arrivée. Mais ce fut Doriot que Ribbentrop
conseilla à Hitler de choisir, une décision d'ailleurs que
le Führer ne prit pas. Et c'est en allant à la rencontre de
son rival que Déat apprit qu'il venait d'être mitraillé par
un avion allié.

Se cachant désormais dans les Alpes italiennes,
Déat jugea, dans ses *Mémoires*, que « l'Histoire ne lui
avait pas donné tort ».

Ce pacifiste, qui n'avait pas voulu se battre pour Dantzig, s'était finalement engagé dans la LVF pour mourir, reclus, caché dans une retraite près de Turin. Cet anticlérical pur et dur s'éteignit dans un couvent.

S'il est un ressentiment que les fascistes français n'ont pu exprimer, c'est bien celui qu'ils ont nourri contre le Führer. Avant 1939, tous pacifistes, ils veulent croire qu'une « approche compréhensive » de la politique hitlérienne permettrait une entente, l'extension de la grande Allemagne vers l'Est, voire un assaut contre le bolchevisme.

Or, ils ne peuvent imaginer que le Führer ne veut pas tant des concessions que la guerre, comme Ribbentrop le dit à Ciano en août 1939, parce que c'est ainsi que « la race allemande assurera son indiscutable prééminence ». Dans le passé récent, le Führer jugeait que son grand succès n'avait pas été l'Anschluss, inéluctable, ni même Munich, où il avait fallu négocier, mais bien l'occupation de Prague, acte de force contre une nation honnie et que ses alliés, la France et la Grande-Bretagne, avaient dû accepter.

Certes, les pacifistes français ont fait retomber sur les gouvernements de la Pologne, de la France, de la Grande-Bretagne, de l'URSS la responsabilité de l'ouverture du conflit. Mais, tout comme par le Pacte germano-soviétique, ils en ont été abasourdis et n'ont voulu y voir que le résultat d'une manœuvre de Staline.

Une deuxième fois, les pacifistes français n'ont pu exprimer leur ressentiment contre Hitler car, de 1940 à 1945, ils n'avaient cessé de vouloir que leur pays fût intégré à l'ordre nazi. Plus collaborationnistes que collaborateurs, ils accusaient Laval de contrecarrer la révolution sociale à l'allemande qu'ils souhaitaient pour que l'ordre fasciste régnât en Europe. Or, une fois, deux fois, trois fois, accusant même Abetz de sabotage, le jugeant plus allemand que nazi, ayant en tête le modèle kominternien d'une Internationale (fasciste) avec des partis obéissant au « centre », ils n'ont pas su voir que le Führer ne voulait pas créer une Europe nationale-socialiste en tant que fédération de nations, mais qu'il voulait plutôt imposer la suprématie du *Deutschtum* et la supériorité de la race allemande.

L'*épuration*, cette poussée de vengeance apparue à la Libération, fit 10 000 victimes et non 150 000, comme la presse libérée le laisse croire dès l'automne 1944. En revanche, ce dernier chiffre se rapproche des 160 000 vrais déportés politiques, à ajouter aux 90 000 Français israélites et juifs étrangers qui ne sont jamais revenus.

Mais le trait marquant, c'est évidemment le contraste entre le tintamarre de l'épuration, son arbitraire et ses excès – puisque la liberté de la presse était revenue – et le silence de *Nuit et brouillard* qui avait accompagné les victimes des temps de l'Occupation.

Il reste que le ressentiment s'est exprimé, comme on le sait, surtout contre les intellectuels qui, tel Brasillach, exigeaient « qu'on fusillât tous les députés communistes ainsi que Paul Reynaud et Georges Mandel » et qui s'impatientaient en 1941 : « Mais qu'attend-on ? » Ou contre les speakers de Radio-Paris et autres publicistes qui écrivaient également dans les journaux de la haine, tels que *Je suis partout* ou *Le Pilori*, subventionnés par les Allemands mais qui se vendaient bien.

Un ressentiment plus trouble se tourna également contre ceux qui, dans le cinéma notamment, connurent leur heure de gloire sous Paris-Allemand, tel Clouzot.

Mais les vraies violences, les exécutions sommaires, furent celles qui se commirent là où, coordonnées avec les Allemands, les milices de Darnand avaient traqué la Résistance, comme au plateau des Glières. Durant les quelques semaines d'août-septembre 1944 où la Wehrmacht se replia vers le nord – commettant les horreurs que l'on sait, entre autres à Tulle ou à Oradour – la fureur se déchaîna contre ceux qui avaient collaboré avec elle ou dénoncé des patriotes aux autorités.

À Pamiers, par exemple, libéré par les FTP le 18 août 1944 après le départ des Allemands, 162 arrestations ont lieu les cinq premiers jours. Un tribunal du peuple improvisé procède à 26 mises à mort, le nombre des exécutés s'élève à 42 à la fin du mois d'août. Il y eut ainsi un déchaînement de haine, de vindictes, de vengeances, « des exécutions justifiées », selon un témoin. Un autre confia à un officier FFI « qu'il n'aurait jamais cru que des atrocités pareilles fussent possibles en France[17] ».

Une des formes les plus odieuses de ce ressentiment fut, en France, le sort réservé aux femmes qui avaient eu une liaison avec un Allemand. Elles furent tondues en public, car elles incarnaient la double défaite du mâle français à qui elles avaient préféré le vainqueur. Inversement, nul opprobre ne frappa les prisonniers français qui, outre-Rhin, avaient agi de même avec des Allemandes – considérait-on que c'était une forme de revanche ?

Souvent, ce fut la peur qu'on avait eue soi-même, pendant plusieurs mois, pendant plusieurs années, qui transforma, par ressentiment, des gens comme vous et moi en bêtes féroces.

Le ressentiment n'a pas de patrie.

---

17. Pierre Laborie.

La mémoire nationale,
conservatoire des ressentiments

On connaît l'apostrophe de Clemenceau à Jules Ferry après la défaite de la France face à la Prusse en 1870, lorsque ce dernier se réjouissait de l'annexion de l'Annam et de la Tunisie : « J'ai perdu deux enfants – l'Alsace et la Lorraine –, et vous m'offrez deux domestiques. »

On a bien retenu l'aspect péjoratif de cette comparaison, méprisante envers les colonisés et indigne du pays des Droits de l'homme. Mais a-t-on assez vu ce qu'il y avait de nouveau à identifier deux provinces à ses enfants ?

Jamais auparavant, au temps des guerres dynastiques, les pertes et les gains de territoire n'étaient considérés comme tels, comme traumatiques : sous Louis XIV ou sous Louis XV, la Savoie se troquait contre le Milanais, la Lorraine contre les Pays-Bas.

Or, l'essor des nationalités, notait l'historien Albert Sorel, auteur de *L'Europe et la Révolution française*, provoquera plus de guerres que ne le firent jamais les ambitions des rois. « Les convoitises des nations sont plus âpres, leurs triomphes plus hautains, leurs mépris sont plus insultants que ceux des princes. Ils soulèvent aussi des ressentiments plus amers et plus durables. L'homme n'est plus atteint dans son principe abstrait, l'État ou la royauté, il est atteint dans son sang et dans sa race. Les passions qui n'agitaient autrefois que quelques individus gagnent la masse du peuple et elles deviennent d'autant plus terribles que les esprits dont elles s'emparent sont plus bornés. »

Ces passions, on les retrouve dans nombre de sociétés qui ont vécu les soubresauts de l'Histoire, de la Serbie jusqu'au Rwanda, du Québec à la Corée. Dans cet essai, on devra se limiter à l'examen de cas limites, de par leur radicalité ou leur durée.

Le cas de la Pologne, « une âme en quête d'un corps », écrit lord Acton en 1862, à une date où elle n'a plus de territoire, partagée entre la Prusse, la Russie et l'empire Habsbourg, présente ainsi l'exemple extrême d'une nation privée de son État, du fait de la cupidité de ses voisins. Pour la première fois, on entendit dire que l'arrangement des États était injuste, un peuple ne devait pas être privé de la possibilité de constituer une communauté indépendante.

Le passé des Polonais, tel qu'ils se le représentent, exprime tout du long la profondeur de leur ressentiment.

Un ressentiment toujours à vif : la Pologne

« La Pologne n'est pas encore morte, tant que nous vivons » : existe-t-il un autre peuple qui tiendrait ces propos dans son hymne national ? Cinq fois victime du partage de son pays par ses voisins, en 1772, 1793, 1795,

1815 puis 1939, disparu comme citoyen d'un État souverain pendant plus d'un siècle, de 1815 à 1918, le Polonais montre constamment aux étrangers ses cicatrices, celles de son histoire.

A-t-il mérité ce châtiment ? Ou bien est-il victime d'un crime permanent, d'une injustice de l'Histoire ? Ces questions taraudent sa conscience malheureuse. La chrétienté catholique n'a pas vraiment pris la mesure de sa dette envers la Pologne. Et cette ingratitude n'a cessé de nourrir et de raviver son ressentiment.

Oui, jugent les Polonais, par leur héroïsme et par leurs souffrances passées, ils méritent une reconnaissance que jusqu'à ce jour on ne leur a pas exprimée.

Oui, car quatre fois la Pologne a sauvé l'Europe. Qu'on en juge.

1683. « Nous voici sur le Danube à nous lamenter sur la perte de nos chevaux et l'ingratitude de ceux que nous avons sauvés. » Cette réflexion de Jean Sobieski, roi de Pologne, en hommage à son armée qui vient de libérer Vienne de l'attaque de Kara Mustafa, grand vizir des Ottomans, exprime de façon prémonitoire le ressentiment des Polonais qui, une première fois, ont sauvé l'Occident menacé par le Turc.

Depuis, en Pologne, la mémoire historique a retenu, indépendamment des tragédies qu'ont pu être les partages de son territoire, les autres moments héroïques où elle a sauvé l'Occident.

Une deuxième fois, en 1920, la Pologne juge qu'elle a sauvé l'Europe, mais cette fois du bolchevisme. Le congrès du Kominterm annonçait alors, par la bouche de Zinoviev, la marche en avant de la révolution et le triomphe des armées de Lénine et de Trotski. Mais le miracle eut lieu et les armées de Pilsudski arrêtèrent leur offensive devant Varsovie.

De fait, depuis l'indépendance retrouvée en octobre 1918, participant à l'intervention étrangère contre le régime soviétique, les armées polonaises avaient joué une partie difficile, capturant Minsk et la Biélorussie dans un premier temps, avant d'entrer en Ukraine où, en principe, elles devaient donner la main aux Blancs, eux-mêmes aux prises avec les nationalistes ukrainiens. Or les Blancs n'avaient de sympathie ni pour les Polonais ni pour les Ukrainiens, tandis que les Ukrainiens préféraient encore les Rouges aux Blancs et aux Polonais. Dans ce contexte, Lénine jugea que la question n'était plus de savoir si oui ou non les armées soviétiques devaient entrer en Pologne après avoir vaincu les Blancs et les nationalistes ukrainiens, mais quand et comment.

Mécontents d'un arbitrage international confié à lord Curzon qui délimitait la frontière orientale de la Pologne en lui laissant la région de Bialystok mais pas la partie nord de la Suwalki habitée par des Lituaniens, Pilsudski marcha sur Kiev. Mais une forte contre-offensive soviétique le refoula jusqu'à Varsovie où, conseillé par le général Weygand, Pilsudski arrêta les bolcheviks, à la grande désillusion de Lénine. Il avait pu vérifier que Radek avait eu raison de lui déconseiller d'entrer en Pologne, faisant valoir que « les ouvriers à Varsovie verraient dans les forces bolcheviques non des révolutionnaires mais des Russes ».

Cette campagne mit fin à l'expansion du communisme en Europe centrale. Les gouvernements des pays occidentaux en étaient soulagés. Exprimèrent-ils seulement leur reconnaissance ?

Cette ingratitude, on la retrouve aux débuts de la Seconde Guerre mondiale après que la Pologne eut été dépecée en 1939. La mémoire historique évoque peu une autre contribution de la Pologne à la défense de la liberté, en l'occurrence la part que ses armées, qui ont échappé au désastre, ont joué aux côtés des Alliés. D'abord pendant la bataille d'Angleterre où le 303e escadron de l'air abattit un grand nombre d'avions de la Luftwaffe ; tandis que les forces polonaises « libres » constituaient les contingents les plus nourris de tous les pays que l'Allemagne avait vaincus, Norvège, Pays-Bas et France libre compris. C'est d'ailleurs en s'appuyant sur ce constat qu'à Londres le général Sikorski élabora durant l'automne 1940 un plan de réorganisation de l'Europe centrale pour l'après-guerre sous l'égide de la Pologne.

Un an plus tard, quand l'Allemagne envahit la Russie, voici que la Pologne devient l'alliée de cette dernière qui avait occupé la moitié orientale du pays à la suite du Pacte germano-soviétique. Staline libère les prisonniers polonais internés dans des camps (on ignore à cette date le massacre à Katyn de 4 243 officiers polonais commis par Beria avec l'accord de Staline) et commence pour eux l'extraordinaire Anabase qui va les mener des camps de la Sibérie en Iran puis en Égypte pour y combattre à côté des Britanniques. Bientôt 50 000 d'entre eux participent à la campagne d'Italie, s'illustrant notamment à la bataille de Cassino. Dans son ordre du jour, le général Anders, placé à leur tête, exprimait son violent ressentiment contre l'occupant allemand : « Soldats, voici l'heure du combat. Nous avons *attendu* l'instant de la *vengeance* et du châtiment de notre ennemi héréditaire. » À Cassino, « les Polonais comme envoûtés hurlent toutes sortes d'invectives à l'égard des Allemands, refusant parfois de se mettre à couvert ou d'être évacués en cas de blessure. En une journée, un bataillon des Carpates est réduit à une douzaine de combattants[18] ».

Épinglant un insigne de l'ordre du Bain sur la poitrine du général Anders au nom de George VI, le général Alexander déclara : « Soldats du 2e corps polonais, si l'on me donnait à choisir les soldats que j'aimerais avoir sous mes ordres, je vous choisirais, vous, Polonais. »

Or, à cette bataille avaient participé également des Britanniques, des Américains, des Français et des Italiens.

Simultanément, durant ce même été 1944, et pour la troisième fois, les Polonais jugent qu'ils ont sauvé l'Europe, l'Europe occidentale, des armées soviétiques. C'est l'insurrection de Varsovie, en juillet, qui, selon eux, fixant sur place la Wehrmacht, a retardé la progression des Russes qui, d'ailleurs, n'ont pas voulu porter secours aux insurgés. Ce drame qu'a évoqué Wajda dans *Canal* a son origine dans la méfiance réciproque du gouvernement polonais émigré à Londres et de celui que les Soviétiques ont constitué à Lublin. À l'approche des troupes russes, le premier a pris les devants d'un soulèvement pour assurer sa souveraineté sur la ville dès qu'elle serait libérée ; le second, contrôlé par les Russes, allègue de son incapacité à secourir les insurgés alors qu'en vérité il compte instituer son propre pouvoir sur Varsovie, une fois les forces de son rival écrasées.

Quoi qu'il en soit des données de cet événement, il a exacerbé la haine des Polonais envers les Russes, mais

---

18. Notin, p. 366.

il a bien retardé l'avancée de ces derniers en retenant la Wehrmacht, ce qui a permis aux Anglo-Américains de consolider la zone de la France libérée et, plus tard, d'atteindre le Rhin.

Or, pour toute reconnaissance de cette bataille, les Polonais de Londres ont pu estimer qu'à Yalta, quelques mois plus tard, Churchill et Roosevelt avaient abandonné la cause de la Pologne « libre », celle qui était demeurée et avait combattu à leurs côtés.

Sans doute, le bien-fondé de ces griefs n'est pas établi sur tous les points, les dirigeants polonais ayant manifesté dans les négociations interalliées une intransigeance que Churchill avait jugée suicidaire. Mais la rancœur des Polonais est bien là, et même chez ceux qui n'étaient pas favorables au gouvernement émigré de Londres. Plus sensibles à la perte des territoires orientaux – au demeurant plus biélorusses ou ukrainiens que polonais – qu'à la restitution en compensation de la Posnanie conquise naguère par la Prusse, les Polonais ont surtout eu le sentiment, un an plus tard, de perdre une fois de plus leur indépendance en devenant une démocratie populaire, un satellite de la Russie soviétique.

Au lendemain de la guerre, le ressentiment des Polonais à l'encontre des « bourreaux » allemands était extrême – « ne pas subir le sort de la Pologne », répétaient Pétain et Laval pour justifier leur politique de collaboration. Et Mussolini, indigné, s'exprimait de même pour stigmatiser le comportement des Allemands en Italie : « Ils nous traitent comme des Polonais. »

Sous l'occupation allemande, aucun pays n'a connu le sort tragique de la Pologne, sinon la Biélorussie peut-être. De fait, il y eut environ 6 millions de Polonais, dont

2 700 000 juifs, victimes des Allemands : 10 % d'entre eux moururent les armes à la main. Parallèlement, les régions de l'Ouest étaient dépolonisées, leurs élites massacrées.

Le ressentiment contre l'URSS et le régime instauré par Moscou a submergé celui que le Polonais nourrissait contre l'Allemand. Les exécutions de masse commises à Katyn, le fait de les avoir niées, puis d'avoir monté l'opération des victimes de Katyn, voilà qui a suscité toute une littérature sur l'« assassinat » de la Pologne par l'URSS et le régime communiste. Ce fut la plus incroyable des manipulations de l'Histoire.

Niant l'exécution de ces 4 500 officiers polonais, les Soviétiques mirent en valeur les crimes commis par les Allemands à Khatin, jouant sur la similitude des noms, cette bourgade n'étant pas très éloignée de Katyn. Ils allèrent jusqu'à amener les représentants du gouvernement de Varsovie, après guerre, à venir honorer les victimes des Allemands de Khatin, niant toujours être responsables de celles de Katyn.

C'est seulement à l'époque de Gorbatchev que les Russes dirent la vérité. « Nous avons commis une erreur », avait reconnu autrefois Beria.

Cet « assassinat de la Pologne » est d'autant plus crédible qu'avant 1939, pour pouvoir éventuellement négocier avec Hitler, Staline avait « liquidé » le parti communiste polonais. Pour certains, 2 700 000 Polonais auraient été ainsi victimes du communisme soviétique entre 1918 et 1945, un chiffre qui – est-ce une coïncidence ? – correspond au total des victimes juives, comptabilisées à part, comme si les juifs n'avaient pas fait partie de l'État polonais. Au regard de travaux récents, à partir de statistiques croisées, soviétiques et polonaises, le nombre de ces victimes du fait des Soviétiques dépasserait, en tout cas, 720 000 personnes[19].

Mais la mémoire historique des Polonais s'enorgueillit bientôt du combat héroïque de *Solidarnocz*, qu'ils jugent être à l'origine de la décomposition des régimes de l'Europe de l'Est et de la chute du communisme en URSS, sauvant une nouvelle fois l'Europe chrétienne de la menace communiste.

Ainsi, le ressentiment des Polonais n'a cessé d'alimenter une créativité dans la stratégie politique de dégagement vis-à-vis de l'URSS qui a conduit à un succès sans retour. Son mérite en revient à *Solidarnosz* qui a gagné une partie que personne n'imaginait à sa portée. On ne peut l'apprécier qu'en comparant l'action de ce syndicat à celle des dirigeants d'autres démocraties populaires, dont les efforts étaient semblables mais qui ont abouti à des drames : Budapest en 1956 et Prague en 1968.

Une fois de plus, « le destin de l'Europe s'est joué en Pologne[20] ».

Dans ce pays où l'hostilité aux Russes et au stalinisme forme un mélange explosif, deux militants communistes, Jacek Kuron et Karol Modzelewski, animent, dès 1964, un courant oppositionnel de caractère autogestionnaire, lequel rencontre un large écho dans une société qui se détache de plus en plus de ses institutions, Église exceptée. En 1970, une hausse brutale des prix déclenche des manifestations ouvrières géantes dans les ports de la Baltique. Les grèves se multiplient et se renouvellent, de plus en plus puissantes et suivies. En

---

19. Gurjanov.
20. Pomian.

1980, c'est l'apogée : à la suite des grèves de Gdansk, le régime doit accepter l'existence d'un syndicat indépendant, *Solidarnocz* (Solidarité) dont la croissance est fulgurante et couvre bientôt tout le pays. Le syndicat « libre » a ainsi pris la relève de l'Église, à laquelle il s'accorde, pour devenir l'interlocuteur privilégié du parti. Un ouvrier, Lech Walesa, est élu à sa direction, le KOR de Kuron et de Modzelewski en est le cerveau.

La révolution polonaise avait ouvert une brèche dans le système clos des régimes communistes. Cette brèche était plus profonde que toutes les échancrures ouvertes et refermées à ce jour, à Budapest en 1956 ou a Prague en 1968.

Car à Prague, en 1968, devant le mécontentement général et la faillite du régime, l'initiative d'un change-

© Rue des Archives/AGIP

Lech Walesza. **Solidarnocz** *a sauvé l'Europe du communisme ?*

ment avait émané du parti communiste lui-même. Celui-ci avait senti la nécessité de se réformer et avait pris l'initiative du mouvement, sauvegardant d'une certaine façon la légitimité du système. En fait, avec douze ans de retard sur Budapest, il reprenait les accents de Nagy qui avait parlé le premier « d'un communisme qui n'oublie par l'homme ». La différence toutefois, entre 1968 et 1956, était qu'en 1956 à Budapest à ce mouvement venu d'en haut s'était joint spontanément un mouvement venu d'en bas, particulièrement puissant. Cette irruption d'un second foyer révolutionnaire avait désemparé Nagy, incapable d'imaginer que la légitimité du pouvoir pût sourdre d'ailleurs que du parti et de lui seul. Ainsi paralysé, il n'avait su ni se dresser contre l'armée soviétique ni, bien sûr, fraterniser avec l'occupant.

En Pologne, dans les années 1980-1982, et c'est une différence essentielle avec Budapest, Poznan ou Prague, le mouvement ne doit rien au parti, il s'enracine totalement dans ce second foyer, né en 1964, mais qui depuis lors a été en quelque sorte régénéré. Car depuis la répression de Prague et surtout la faillite d'une deuxième promesse de libéralisation par Gierek en 1970, les illusions des Polonais en une hypothétique réforme venue d'en haut sont bien mortes, mortes comme les victimes de la répression en 1970.

Que s'est-il donc passé en Pologne ?

Comme en URSS, les syndicats sont subordonnés au parti. Ainsi, le POUP (PC polonais) fait triompher sa conception soviétique de syndicats neutralisés, puis il subvertit leurs fonctions et leurs activités traditionnelles (défense des travailleurs, organisation de grèves, etc.) en les transformant en organes de cogestion du Plan et en courroies de transmission du pouvoir.

Pour commencer, les Polonais ont décroché la courroie. La direction du syndicat « libre » n'était plus nommée par le parti. Puis ils ont élu eux-mêmes leurs délégués, institué leurs propres formes organisationnelles, nié enfin toute dépendance à l'égard du parti. Ainsi est né *Solidarnocz* sur les décombres de l'ancienne centrale syndicale, qui a dépéri sur pied.

Les Polonais ont été ainsi plus loin que les Conseils ouvriers hongrois dont la création avait été en partie suscitée par la direction des syndicats, c'est-à-dire des syndicats domestiqués par le parti.

Sur le plan de la compétence, *Solidarnocz* ne visait pas, à la façon des comités d'usine d'autrefois en Russie ou, plus récemment, en Hongrie, à instituer une quelconque forme d'autogestion ou de cogestion des entreprises. *Solidarnocz* tendait à une extension verticale de sa compétence : sans se présenter comme un contre-pouvoir, ses membres mettaient en cause certains aspects du fonctionnement de l'État, sa justice, sa police, son contrôle de l'information surtout, etc. En quelque sorte relève de l'Église, voire des intellectuels, *Solidarnocz* prenait en compte les revendications de la société globale. Horizontalement, *Solidarnocz* étendait sa compétence sur d'autres « syndicats » libres en voie de formation.

La reconnaissance du droit des petits paysans à constituer un syndicat, et pas seulement une association, témoigne du lent démantèlement non seulement de tout un système, mais de ses fondements théoriques qui se délitent pan par pan puisque, déjà depuis Gomulka à la fin des années 1950 et dans les années 1960, le principe de la collectivisation forcée avait été abandonné. D'où la réaction du pouvoir qui voyait toute la société civile lui échapper. Ce fut le coup de force du général

Jaruzelski qui fit arrêter tous les dirigeants de *Solidarnocz* en 1981.

La défaite de Walesa et de *Solidarnocz* était pour le général Jaruzelski une victoire à la Pyrrhus car il ne bénéficiait d'aucun soutien dans le pays. Pour l'URSS et le système qu'elle incarnait, les événements de Pologne constituaient la mise en cause la plus grave depuis 1917. Car, à Varsovie, le parti avait perdu son pouvoir réel et symbolique, et, en son nom, c'est l'armée qui avait pris la relève.

Ce coup marquait la fin d'une époque. Les Soviétiques n'intervenaient en rien pour rétablir le parti dans son autorité, ni pour encourager ou freiner les mesures répressives mises en place par le général Jaruzelski. Pas plus qu'ils n'étaient intervenus en Hongrie pour mettre un terme à l'émancipation furtive de l'économie hongroise des obligations du système soviétique. La faillite économique et politique du système, en Europe centrale, intervenait à sa manière à côté de la guerre d'Afghanistan et des surenchères de la politique d'armement pour exiger en URSS une politique entièrement nouvelle.

Ce fut celle qu'incarna Gorbatchev qui opéra une rupture radicale avec le passé.

Cette rupture ne se fit au départ qu'à petits pas : économique d'abord, et elle échoua, puis politique.

Bien qu'on ait jugé à l'époque que Gorbatchev chaussait les bottes de Dubcek et du Printemps de Prague, de fait il reproduisait quelques-unes des procédures de *Solidarnocz* : ainsi, il « décrochait » les soviets locaux, c'est-à-dire les municipalités, de leurs attaches avec le parti, puis il autonomisait l'action des syndicats, abordait le problème du rôle dirigeant du parti, etc.

L'imitation de l'expérience polonaise fut bien une des manières du réformateur soviétique. *Kommunist* à Moscou écrivit que « l'expérience polonaise revêtait une signification non seulement pour la Pologne mais aussi pour les autres pays ». « Elle est un laboratoire et un exemple aussi bien pour l'URSS », disait même Gorbatchev à Jaruzelski, selon un témoignage de ce dernier à l'historien Jacques Levesque. Mais surtout, c'est bien la déstabilisation du régime polonais, grâce à *Solidarnocz*, qui a fragilisé le système des satellites, contraignant le régime soviétique à accepter ces changements. Gorbatchev coordonna les étapes de la perestroïka avec celles de l'émancipation de ces démocraties, de sorte que les changements intérieurs en URSS cessèrent d'apparaître fictifs, comme le répétaient les chantres de la vulgate antisoviétique en Occident.

Après 1989, la fin du régime soviétique et la chute du mur de Berlin permettent aux Polonais de considérer à bon droit que c'est leur combat qui a le plus contribué à cette authentique révolution.

Et que l'Europe devait leur en être reconnaissante. Or, c'est à Gorbatchev que l'Europe, Allemagne comprise, fit fête... De quoi nourrir envers l'Europe un profond ressentiment.

La France, fille aînée de l'Église, échapperait-elle à ce ressentiment ? Il faudrait que les Polonais aient la mémoire courte. Certes...

Par trois fois, elle bien été l'alliée et le tuteur privilégié de la Pologne. Au début du XVIIIe siècle, quand le mariage de Louis XV avec la fille de Stanislas Leszczynski protégea ce pays catholique de la menace ottomane et de la Prusse protestante. Ensuite, après les trois partages de 1772, 1793 et 1795, entre Prusse, Russie, Autriche, Napoléon rétablit un grand duché de Varsovie qui disparut en 1815. Enfin, lorsque au lendemain de la Première Guerre mondiale, à l'initiative de la France, une grande Pologne fut restaurée.

Mais combien d'autres fois ne l'a-t-elle pas abandonnée !

En 1830, lorsque les Polonais se soulèvent une première fois contre les Russes et qu'ensuite « l'ordre règne à Varsovie ». Lamennais stigmatise la lâcheté du roi de France : « Que ceux qui sont morts dans l'illusion de la liberté reposent en paix dans la tombe que le crime des uns et la lâcheté des autres t'ont creusée. Sur cette tombe il y a une croix qui dit : tu revivras. »

1848. À nouveau la Pologne s'est soulevée, depuis 1846 on inaugure « le printemps des peuples ». « Le nom de Pologne est magique et soulève le peuple de Paris », disait Blanqui. Il signifiait « oppression d'une race humaine et vengeance de la tyrannie », ajoutait Lamartine...

Enflammés, les clubs préparent une pétition. Mais l'Assemblée constituante répond, le 12 mai, par un décret qui interdit d'apporter une pétition dans la salle. Le 15 mai, réunie à la Bastille, la foule ne se met pas moins en marche, force les barrages, envahit l'assemblée où Barbès lit la pétition. On demande le départ d'une armée pour la Pologne, un impôt de un milliard sur les riches, le renvoi de l'armée hors de Paris... C'est le tumulte.

« L'assemblée est dissoute », crie un orateur. La croyant dissoute, les manifestants vont à l'Hôtel de Ville pour y instituer un autre gouvernement. Mais à l'assemblée, on a battu le rappel, la garde nationale arrive. Elle arrête bientôt Barbès, Louis Blanc, Blanqui, condamnés à la détention perpétuelle...

« Ce fut une étourderie populaire », commenta Lamartine.

Quant à la Pologne, on l'avait complètement oubliée...

Lors d'un nouveau soulèvement des Polonais en 1863, Napoléon III fit preuve de la même passivité, le soutien à la Pologne s'avérant incompatible avec une alliance franco-russe qui se noue, mais seulement sous la IIIᵉ République, en 1891. Alliance « honteuse » pour les républicains, avec un tsar autocrate. On avait crié « Vive la Pologne » lors de la visite à Paris d'Alexandre III. L'alliance fonctionna bien en 1914, elle fut confirmée en janvier 1917 avec la mise au point du projet d'offensives coordonnées pour le printemps : cette fois encore, c'est la République qui abandonnait la Pologne au bon vouloir du tsar de Russie et aux nécessités de la guerre.

Si, après la résurrection de la Pologne, en 1919, une aide fut bien apportée à Varsovie, son abandon, en septembre 1939, pendant la drôle de guerre, constitua l'un des épisodes les plus honteux de l'histoire française. Les restes de l'armée polonaise détruite par la Wehrmacht attendirent vainement une attaque que Gamelin n'osa pas lancer. Certes, Hitler jugeait que la France était tétanisée à l'idée de faire la guerre, mais il ne l'imaginait pas passive à ce point. De fait en 1939, elle avait suivi la Grande-Bretagne qui avait garanti les frontières polonaises et déclaré la guerre à l'Allemagne, laquelle avait envahi sa voisine orientale. Quatre ans plus tard, lors de son voyage à Moscou, de Gaulle n'obtint rien de Staline : ni sur le régime qui s'installerait à Varsovie, ni sur les nouvelles frontières que le pays aurait à l'est. Il a lui-même dit qu'il l'aurait peut-être lâchée en échange de la rive gauche du Rhin.

Et pendant la colonisation de l'Europe de l'Est par le régime communiste, après 1945, Paris fit certes bon accueil aux intellectuels polonais émigrés mais, au plus fort de la crise de 1981, les plus hauts ministres français concédèrent que « pour aider la Pologne et *Solidarnocz*, naturellement on ne ferait rien ». Moins même : en 1983 Claude Cheysson, ministre des Affaires étrangères de Mitterrand, rencontrait son homologue Czyrek, ministre de Jaruzelski, ce qui apparut aux Polonais comme un nouvel abandon.

À peine la Pologne était-elle redevenue libre qu'elle mesurait l'ingratitude de l'Europe. Autant elle avait été l'objet de sa sympathie tant qu'il s'agissait d'abattre le communisme, autant on invoqua les déséquilibres économiques entre l'Est et l'Ouest pour différer son intégration à l'Union européenne.

Avec la fin du régime soviétique et l'éclatement de l'ancienne URSS, la longue période d'impuissance a pu prendre fin et renaître les rêves de résurrection, d'un retour de la maîtrise polonaise en Europe centrale d'avant ses partages au XVIIIᵉ siècle, rêves apparus en août 1940. « Déplacées » vers l'ouest, les régions revendiquées à l'est de la ligne Curzon apparaissent décidément hors d'atteinte. Varsovie garde néanmoins un œil sur la Biélorussie et une partie de la Lituanie. Ensuite, ladite « révolution orange » à Kiev permet aux dirigeants polonais de retrouver une influence en Ukraine (comme en 1920) et plus encore d'affaiblir la Russie. Des « amis » polonais se trouvaient également présents lors des événements de Géorgie. Situation qui rappelait celle de l'influence de l'État polono-lituanien au xvᵉ siècle, qui s'étendait de Poznan à la mer d'Azov. En outre, lors de l'entrée des Tchèques et des Hongrois dans l'Union européenne, la Pologne a pu jouer un rôle de leader auprès d'eux dans la mise en cause des conditions d'adhésion.

Surtout, pour être certaine d'être intégrée à l'Occident et prévenir tout retour offensif de la Russie, elle avait adhéré préventivement à l'Otan, se mettant ainsi à l'abri du parapluie américain avant même que l'Union européenne ne l'accepte en son sein.

Après tout, quelle gratitude la Pologne devait-elle exprimer à l'endroit de l'Europe ?

Plutôt du ressentiment. Elle ne lui devait rien.

Et pour bien le montrer, alors que le Français Chirac, l'Allemand Schröder et le Russe Poutine condamnaient l'intervention américaine en Irak, c'est la Pologne qui envoya des troupes à Bagdad à l'appel de George W. Bush.

Un ressentiment en abîme : l'Autriche

Avez-vous vu *1st April 2000*, ce film autrichien de Liebeneiner ? Il date de 1950. C'est un film de science-fiction qui se présente comme une comédie politique. Il s'ouvre sur l'atterrissage en 2000 d'un aéronef venu d'on ne sait où. En descend une délégation qui représente l'Assemblée de l'Univers. À sa demande, elle vient juger le peuple autrichien de toutes sortes de forfaits dont il est accusé… Ce film traduit le malaise qui règne dans ce pays à cette époque. Il exprime le ressentiment d'une nation contre ceux qui la conduisent à se poser des questions sur son comportement.

Or, si l'Autrichien regarde son passé, à quelque époque qu'il se réfère, le miroir lui reflète chaque fois sa condamnation par les autres nations, une blessure qui sécrète sa peine alors qu'il est devenu un tout petit pays.

Aujourd'hui, dans ce film – en 1950 – de quoi l'accuse-t-on ?

De jouer les amnésiques et les victimes de la guerre sans procéder à la moindre dénazification – celle-ci a commencé en Allemagne – alors que le pays a pleinement participé aux hostilités, qu'il n'a pas compté un seul déserteur. Or qui parle de guerre parle aussi d'extermination, en Yougoslavie notamment. Dès l'*Anschluss* de 1938, il y avait eu un pogrom à Vienne, ensuite 90 % des juifs autrichiens ont été exterminés, proportionnellement plus que de juifs allemands.

Mais pourquoi les Autrichiens se sentiraient-ils coupables alors que les puissances victorieuses ont jugé qu'en 1938, lors de l'*Anschluss*, l'indépendance de l'Autriche avait été violée. Les Alliés l'ont même rappelé en 1943 dans une déclaration tripartite décidant de restaurer l'indépendance du pays qui, du coup, a demandé des réparations en 1945. Et l'Autriche a figuré sur les comptes de l'aide Marshall.

Au vrai, les raisons des Alliés se trouvent au cœur de ce qu'ils croient être leur « real politik ». Chez Roosevelt comme chez Churchill rôde cette idée que le nazisme s'enracine plus ou moins dans le passé prussien de l'Allemagne. La démanteler en constituant une confédération du Sud comprenant l'Autriche, la Bavière, le Wurtemberg permettrait de neutraliser l'Allemagne prussienne, celle du Nord. D'où l'intérêt de ressusciter l'Autriche dont officiellement on a toujours considéré qu'elle avait été introduite dans le IIIe Reich contre le droit des nations. En 1945, à Potsdam, les puissances purent dire qu'elles avaient « restauré le droit ».

Certes, en 1950, on sait bien qu'il en a été autrement, mais on sait également qu'à 99 % les Autrichiens ont plébiscité l'*Anschluss*, qu'ils ont fait un accueil hystérique à Hitler. Mais désormais, comme les Alliés, les Autrichiens veulent l'ignorer. Cependant cela ne trompe ni les victimes de la terreur nazie ni une partie des Autrichiens eux-mêmes. Ces Autrichiens savent bien qu'il y a là une imposture.

Et par un lapsus significatif, *1st April 2000* le manifeste : dans ce pays qui s'est rallié à un régime raciste, se détachent de la délégation qui vient juger l'Autriche et s'avancent un Noir et un sémite, ou, le moins que l'on puisse dire, c'est qu'ils ne sont pas aryens.

Le tribunal de l'Univers lui donne quitus de fautes imaginaires. Alors, l'Autriche pardonne aussi au reste du monde de l'avoir mal comprise.

Aussitôt, sur l'écran, la scène s'ouvre et dans un palais somptueux, sur une valse de Strauss, des dizaines de couples en smoking et robe longue s'élancent.

Est-ce le « bon vieux temps » des Habsbourg qui est revenu ?

Non, il faut se rappeler une autre humiliation, moins ancienne.

1919. Une caricature de la *Kladder Deutsche* présente l'Autriche sous la forme d'une jeune femme de blanc vêtue dont trois personnages sinistres et ricanants, Clemenceau, Lloyd George et Wilson, viennent de trancher la tête. De son élégant petit pied ganté de blanc, elle s'efforçait de traîner un boulet, la « paix ». Elle cherchait vainement sa voie. Sur sa tête qui gît par terre, une marque sur son front indique « *Deutsch* » (« Allemande »).

On se rappelle les faits. La défaite de 1918 a conduit à l'éclatement de la double monarchie, celle de l'empereur d'Autriche, roi de Hongrie, aux termes du traité de Saint-Germain. Appliquant aux victimes des États vaincus le principe du droit des peuples à disposer d'eux-mêmes, les vainqueurs faisaient naître à ses dépens la Tchécoslovaquie, la Yougoslavie et ressuscitaient la Pologne. N'appliquant pas ce droit aux États vaincus, ils refusaient aux Allemands de l'ancien empire, c'est-à-dire essentiellement les Autrichiens, la possibilité de se rattacher à l'Allemagne, malgré un vote du parlement de Vienne en faveur de cet *Anschluss*, car il eût fait de l'Allemagne vaincue un État plus puissant que celui de 1914 – géopolitique oblige…

Il reste qu'on imagine la colère et le traumatisme ressentis par les Autrichiens, hier maîtres et dominateurs d'un vaste empire de cinquante millions d'habitants, désormais à l'étroit sur un petit territoire montagneux. Un pays-tronc de 83 000 kilomètres carrés tandis que leurs anciennes dépendances, Hongrie, Tchécoslovaquie, etc. constituaient des États à la fois indépendants, plus vastes et porteurs d'un avenir économique prometteur.

Avec son énorme capitale, l'État croupion connut bientôt une crise économique et des conflits politiques. Le dépit d'un *Anschluss* interdit grandissait et des conflits entre les partis chrétiens-démocrates et socialistes s'exacerbaient, tandis que montait, parallèlement à l'Allemagne, l'attraction pour le nazisme. L'assassinat du chancelier Dollfuss qui la freinait, la défaite du chancelier Schuschnigg qui capitula devant Hitler, permirent cet *Anschluss* qu'approuvèrent 99 % des Autrichiens et que célébra l'accueil paroxystique du Führer. Avant même que la nazification ne s'institutionnalise, un pogrom de juifs eut lieu à Vienne, première expression explicite du ressentiment des Autrichiens – avant qu'ait lieu, en Allemagne, la Nuit de cristal, cette explosion antisémite orchestrée par Goebbels et qui fit 91 morts.

Le chancelier Schuschnigg a laissé un témoignage de l'entretien qu'il eut avec le Führer juste avant l'*Anschluss* et sa propre arrestation. À peine eut-il franchi le grand escalier du Berghof de Berchtesgaden qu'Hitler écarta d'un geste de la main sa phrase aimable à propos de la vue magnifique que l'on avait de la grande verrière du salon : « Oui, c'est ici que mûrissent mes idées, lui dit Hitler, mais nous ne sommes pas réunis pour parler de la belle vue et du temps qu'il fait. » Puis il s'emporta, témoigne Schuschnigg :

« L'histoire entière de l'Autriche n'était qu'un acte ininterrompu de trahison de ses dirigeants envers son peuple. C'était vrai dans le passé, ce ne l'était pas moins dans le présent. Ce paradoxe historique a duré trop longtemps. Il va cesser. Et je vous le dis, monsieur Schuschnigg, je suis fermement décidé à mettre fin à tout cela. Je me suis engagé sur la voie la plus ardue qu'ait jamais empruntée un Allemand. Vous n'allez tout de même pas vous imaginer que vous pourriez m'arrêter, ne fût-ce qu'une demi-heure ? Qui sait, peut-être serai-je en une nuit à Vienne comme un orage de printemps… »

Les faits qui encadrent cette algarade sont connus. Ni l'Angleterre ni la France n'ont levé le petit doigt pour préserver l'indépendance de l'Autriche ; Mussolini a dû se rallier, l'État autrichien n'ayant même plus la force ni la volonté de se défendre. Après que, sous la menace d'une intervention armée, le chancelier Schuschnigg eut

démissionné, l'*Anschluss* de l'Autriche au Reich fut pro-
clamé et le Führer accueilli par un déluge d'acclama-
tions dans tout le pays.

L'État et le gouvernement avaient été « violés »,
mais la population avait laissé déferler sa joie. Elle par-
ticipa à la guerre qui suivit et prit part aux crimes de
masse qui furent commis.

« L'histoire entière de l'Autriche n'était qu'un acte
ininterrompu de trahison envers son peuple… »

Cette appréciation de Hitler, qui n'a jamais été rele-
vée, rend compte de son ressentiment à lui, Allemand
d'Autriche, pas seulement contre les social-démocrates à
la Renner qui, tel Scheidemann en Allemagne, ont
accepté les traités de 1919, il rend compte également de
leur rancœur contre les Habsbourg. Il ne s'agit pas seulement du fait que, pour des raisons d'ordre personnel,
Hitler s'est engagé en 1914 dans l'armée bavaroise et
non dans l'armée autrichienne (il n'avait pas répondu à
un appel de celle-ci pour son service militaire). Ce rejet
partait de considérations plus larges et que partageaient
bon nombre d'habitants de l'Empire.

Certes, le pouvoir et la manière de gouverner des
Habsbourg étaient mis en cause à la fois par des opposants politiques et par les nationalités sujettes – tchèques,
slovènes, etc. –, mais l'éclat de la dynastie et de Vienne,
sa capitale, cachaient quelque peu les connexions entre
les différents problèmes. Or brusquement elles appa-
rurent lors du jubilée de François-Joseph, ses soixante ans
de règne, en 1908, et elles rendent compte dans une
bonne mesure du ressentiment d'une partie de ses sujets,
avant même la guerre, ses défaites et ses suites.

Pendant trois heures, comme l'a admirablement décrit Brigitte Hamann, douze mille personnes défilèrent devant leur empereur, en tête les maréchaux revêtus de leur uniforme et coiffés du chapeau à panache. Chamarrés, les hommes de la noblesse étaient sanglés dans de superbes uniformes, tandis que leurs épouses portaient d'élégantes toilettes d'été. Suivirent dix-neuf groupes figurant une histoire costumée de la maison de Habsbourg, depuis l'antique fondation par les chevaliers du temps de Maximilien (1459-1519) jusqu'au Landsturm tyrolien, ces volontaires qui avaient combattu Napoléon. Puis les nationalités se succédèrent, soulignant chacune leurs traits ethniques et défilant dans l'ordre de leur insertion dans la maison de Habsbourg : en tête la Basse-Autriche, en queue la Dalmatie.

Commémoration resplendissante qui confirmait le statut de Vienne, capitale européenne de la fête et de la musique, bouillonnante cité intellectuelle où voisinaient Gustav Mahler, Sigmund Freud et les Austro-marxistes, Otto Bauer ou Karl Renner, qui cherchaient un moyen de concilier socialisme et nationalités.

Pourtant, quand on connaît la façon dont fut organisé ce jubilée et quand on observe son déroulement, on constate que cette fête recèle comme en un microcosme tous les ingrédients d'une explosion qui couvait et allait faire éclater l'Empire.

De fait, dès qu'au conseil municipal de Vienne il fut question d'organiser ces festivités, sur proposition du maire social-allemand, c'est-à-dire hostile au caractère multiethnique de l'Empire, les sociaux-démocrates votèrent contre l'attribution d'une subvention, ils expliquèrent que le bilan du règne ne légitimait pas de telles dépenses : la dure répression de l'insurrection de Vienne en 1848, l'appel au tsar pour écraser le soulèvement de la Hongrie, la défaite personnelle du souverain à Magenta, celle des armées impériales à Sadowa, l'exécution de son frère Maximilien au Mexique, ces échecs étaient dans toutes les mémoires.

Ensuite, un appel aux grandes entreprises ayant été lancé pour la vente des billets dans les tribunes, les chrétiens-sociaux protestèrent qu'un grand magasin juif, Gerngros, soit du nombre, « car les juifs se souciaient peu de l'empereur et ne pensaient qu'à l'argent ». Cette manifestation d'antisémitisme n'était pas isolée, ainsi Gustav Mahler avait-il été inquiété à ce titre, tout comme Sigmund Freud, exclu des milieux nationalistes allemands qu'il soutenait et qui mit désormais son génie au service de l'exploration psychologique.

Plus même, on protesta contre une trop grande présence de la haute noblesse en tête du cortège, ce qui faisait ressortir son opulence, mais il fut expliqué que cela « au moins ne coûtait rien ». Ces remarques émanaient de la moyenne bourgeoisie alors en plein essor. Elle savait bien que le monarque supportait mal l'omniprésence de cette haute noblesse qui contribuait si peu au développement économique du pays.

Ensuite, ce furent les représentants hongrois qui déclarèrent que, pour eux, le véritable anniversaire n'était pas le jubilée de l'empereur, mais la célébration l'année précédente des quarante années du « compromis » de 1867 qui avait transformé l'empire d'Autriche en empire d'Autriche-Hongrie. Or les Autrichiens s'étaient abstenus d'y participer tandis que l'empereur commettait l'affront de refuser en cette occasion les félicitations venues de l'étranger. Les Hongrois décidèrent qu'ils ne figureraient pas dans le cortège. Sujets de l'empereur-roi de Hongrie, ils avaient refusé qu'une ligne de chemin de fer directe fût construite entre Vienne et Zagreb, la Croatie faisant partie de leur portion d'empire. Ils craignaient que celle-ci, hostile à toute magyarisation, ne se rapproche ainsi de Vienne : pour aller de Vienne à Zagreb, il faudrait donc passer par Budapest.

Quant aux Tchèques, qui souhaitaient que Prague devînt une troisième capitale d'empire, comme Budapest était la seconde, ils comptaient venir jouer à Vienne *Hamlet* de Shakespeare, une pièce russe et une autre tchèque, mais toutes trois en tchèque. Le maire, Lueger, leur fit savoir que cette manifestation n'était pas compatible avec le caractère allemand de la ville de Vienne. « Un ensemble théâtral tchèque ne peut pas se produire dans une ville allemande. » En réponse, les Tchèques ne participèrent pas au jubilée.

Enfin, ce fut au tour des Italiens de s'indigner. Comme pour les Tchèques dont en ouverture le défilé historique rappelait la défaite face à Rodolphe de Habsbourg, en fermeture les organisateurs du défilé avaient prévu de jouer la marche de Radetsky, cet hymne de triomphe des Autrichiens sur les révolutionnaires italiens en 1848 à Custozza, succès renouvelé par leur seconde victoire en 1859, à nouveau à Custozza.

Malgré ses deux victoires militaires, l'Autriche avait perdu la Lombardie, puis la Vénétie ; les Italiens avaient « snobé » l'empereur lors de sa visite à la Scala de Milan en 1857, les abonnés italiens commettant l'affront de se faire remplacer par leurs domestiques. Un épisode qu'a repris un des films de la trilogie *Sissi* du réalisateur autrichien Ernst Marischka (1955). Quelques années plus tard, François-Joseph s'était à nouveau senti humilié de ne pas avoir pu aider son cousin le roi de Naples contre « le bandit Garibaldi, les rapines de Victor-Emmanuel, l'insolence de cette canaille de Paris ».

Satisfaits au fond que les Hongrois ne participent pas au jubilée, les Croates faillirent s'abstenir également, les tableaux vivants imaginés à Vienne les représentant comme des voleurs et des pillards. Avec des excuses, ce tableau fut retiré.

Enfin, un dernier incident, au vrai, une rumeur, laissa croire que les ouvriers de Vienne s'apprêtaient à renverser les tribunes, de sorte que des milliers de billets ne trouvèrent pas preneurs. On fit ensuite le compte de ce qui avait été un désastre financier.

Mais l'important n'était pas là.

Brutalement, au spectacle de ces « compatriotes » inconnus, ces Ruthènes, ces Roumains, ces Croates, présentés par *Simplicissimus*, le journal satirique, comme de vrais criminels en haillons ou au moins comme de vrais barbares, les Viennois prirent conscience « qu'ils n'étaient plus chez eux » et de ce qu'était un empire multinational. Ils en furent épouvantés.

Mais le plus important n'était toujours pas là.

Pour ce défilé, la Galicie avait envoyé 2 000 personnes au lieu des 1 000 attendues. Mais la Basse-Autriche n'en avait envoyé que 70 ou 80.

Autrement dit, les Allemands de l'empire se retiraient de la fête.

Ainsi se traduisait brutalement le divorce entre, d'une part, les nationaux-Allemands qu'incarnait le parti chrétien social de Lueger et de Schönerer, ancêtres autrichiens des nationaux-socialistes, et, d'autre part, François-Joseph qui, par sa politique des nationalités, au vrai souvent contrainte et forcée, refusait de considé-

rer les Allemands comme « le peuple de l'État » et plaçait
à la tête du gouvernement aussi bien un Hongrois,
Andrassy, qu'un Polonais, Goluchovski, ou un Allemand,
Beust, mais libéral.

Ce rejet allemand s'était exprimé dans le manifeste
de Linz (1882) contre un empereur à qui on reprochait
à la fois Olmutz et Sadowa, qui oubliait que dès 1848
flottait le drapeau germanique rouge, noir et or à Vienne,
et qui avait toujours refusé de faire appel au nationalisme allemand de peur qu'il ne se substitue à la primauté dynastique qui était le *credo* de l'empereur. À ses
yeux, le seul patriotisme légitime était celui qui s'exprimait à l'endroit de la dynastie…

Ces nationaux-Allemands d'Autriche regardent ainsi
vers la Prusse et rêvent d'une domination germanique
sans contrepoids slave ni aucune autre, trouvant à la
rigueur des alliés « objectifs » (eussent dit les marxistes)
dans le nationalisme hongrois qui, lui aussi, méprise
« ces » Slaves, qu'ils soient croates ou slovaques.

Lorsqu'en 1908, juste après le jubilée, François-
Joseph se félicite du succès que constitue l'annexion de
la Bosnie-Herzégovine, le pangermanisme d'essence
autrichienne (et qui est tourné vers l'intérieur alors que
le pangermanisme prussien-allemand l'est vers l'exté-
rieur) voit une nouvelle dose de non-Allemands souiller
la germanité de l'empire. Elle n'en sait donc aucun gré à
François-Joseph dont le seul mérite à ses yeux est alors
qu'il resserre son alliance avec Guillaume II.

Ce contexte rend compte de la haine des Allemands
pangermanistes, auxquels avant 1914 Hitler adhère,
pour Vienne la cosmopolite, pour l'Autriche et sa politique « qui a fait tant de mal aux Allemands ».

Le ressentiment des Allemands d'Autriche avait déjà explosé lorsque les Tchèques avaient voulu imposer leur langue aux Allemands des provinces de Bohême et de Moravie. Ces Allemands-là furent appelés « sudètes ».

On les retrouvera en 1938.

Survivance ou buttes témoins de ce passé ? En 1986, Kurt Waldheim, un ancien nazi, était élu président de la République. En 1995, le parti néonazi de Jorg Haider participait à un gouvernement de coalition alors que l'Autriche avait adhéré aux principes démocratiques de l'Union européenne. Et les immigrés slovènes retrouvaient la brutalité des manières de faire de l'Autriche d'autrefois. Il en demeure une nostalgie, notamment de ses victoires, par exemple, sur l'Italie.

Chaque année, depuis plusieurs décennies, le 31 décembre, l'orchestre du grand opéra de Vienne termine son concert par la marche de Radetsky... Ultime souvenir de la dernière victoire de l'Autriche : nostalgie ou ressentiment ?

France-Angleterre : entre sœurs siamoises

S'il existe en France un sourd ressentiment, c'est bien contre l'Anglais. Querelle de famille, querelle sanguine faut-il le rappeler, car après tout la France et l'Angleterre sont plus que des sœurs jumelles, des sœurs siamoises. Pendant plusieurs siècles, aux temps des luttes féodales, des Plantagenêts-Angevins contre des Capétiens-Franciliens, l'identité des deux « nations » n'était pas revendiquée. C'est du conflit de ces « maisons » que pour une bonne part est né le patriotisme des Français et celui des Anglais.

En ce temps-là, quand le monarque de Londres franchit la Manche, on dit qu'il va faire « sa » guerre, les vrais ennemis des Anglais étant alors les Écossais. Ce monarque et ses gentilshommes parlent la même langue que les gens de Poitiers, une de ses capitales, et il boit les vins de Bordeaux.

C'est avec ce qu'on appelle depuis « la guerre de Cent Ans », les défaites des Valois à Crécy en 1346 et Azincourt en 1411, dont le souvenir s'est perpétué à travers les drames de Shakespeare, que l'antagonisme a changé de nature : il est devenu national, ce que bientôt incarne Jeanne d'Arc qui veut « bouter les Anglais hors de France ».

Dans le vécu des habitants des deux pays, la dissociation des deux pays avait pourtant précédé ou accompagné ces moments-là.

Outre-Manche, dans les écoles, on ressentait avec colère la nécessité de faire ses études en français alors que « les gentilshommes l'apprennent dès qu'ils peuvent parler et jouer avec un hochet ». La langue anglo-saxonne, celle du peuple, reprenait le dessus et était devenue la langue de l'Église avec Wycliff, de la littérature avec Chaucer, de la justice. Alors qu'en Guyenne il n'est pas question d'imposer l'anglais aux Gascons, en Normandie, l'hostilité monte contre ceux qu'on comprend de moins en moins. Une rupture symbolique, culturelle, a lieu au mariage d'un Lancaster avec Isabelle de France : au dîner final, en 1399, les convives ne veulent pas être servis à la même table : viande bouillie et bière pour les uns, viandes grillées et vins pour les autres, « selon l'usage de notre pays », dit-on.

La date de 1399 porte donc aussi loin que celles de 1346, 1411, ou l'apparition de Jeanne d'Arc.

Le premier terrain de mésentente fut ainsi celui du « chacun chez soi », comme disait l'Anglais Thomas Basin, ou le Français Jean de Montreuil qui juge son pays envahi : « Je les ai (les Anglais) en telle abomination que j'aime ceux qui les haïssent et hais ceux qui les aiment. » À la fin de cette guerre, le pays se sentit comme libéré, les Anglais gardant pourtant Calais et Dunkerque.

Si les questions religieuses deviennent bien une occasion de nouvelles mésententes, mais à éclipses, vu les changements politiques et religieux que connaissent les deux pays pendant ce XVIᵉ siècle, l'ennemi principal en France est alors la maison d'Autriche ou l'Espagne de Philippe II. La défaite que connaît l'Invincible Armada du roi d'Espagne face à la reine Elisabeth soulage certes les Français, tout en sécrétant chez eux un grain de jalousie car elle provient d'un pays quatre fois moins peuplé et quatre fois plus petit.

C'est d'ailleurs sous l'angle religieux que se présente ce qu'on a appelé après coup la rivalité coloniale des deux pays, au moins au Canada où la France installe des colons catholiques pour prévenir la venue des réformés, et en Acadie où a lieu une vraie guerre de religion. Certes, en Inde, c'est bien l'anglophobie de Dupleix qui, vers 1750, rend compte du conflit qui éclate, mais « la perte de nos colonies » telle que la présente la tradition historique, c'est-à-dire ces défaites françaises face à l'Angleterre, voilà qui n'était pas perçu de cette façon à la veille de la Révolution française. Lorsque la France aida les Américains à s'émanciper de la Grande-Bretagne, les Anglais ressentirent cette perte, au XIXᵉ siècle, comme leur échec le plus grave et le plus douloureux, ce qui nourrit leur ressentiment contre la France.

De sorte que, à l'époque de la Révolution, puis de Napoléon, un ressentiment put nourrir l'autre et la rivalité entre les deux pays ne cessa plus de s'exaspérer.

Or, voilà que ce « petit pays » décolle économiquement dès la Restauration, car il a beaucoup moins souffert que le continent des conflits religieux ou des guerres et que la France, qui perd encore un million d'habitants lors de la Révolution et de l'Empire. La Grande-Bretagne accomplit sa révolution industrielle avant la France, allant toujours de l'avant : plus urbanisée, mieux équipée, faisant disparaître l'économie de subsistance et s'ouvrant au laisser-faire, à la mobilité sociale, à l'élargissement du marché, son décollage économique laisse loin derrière le reste de l'Europe : en 1850, 50 % de la production industrielle du monde est anglaise.

Désormais, l'Angleterre mène la danse par ses tissus autant que par ses *steamboats* et ses *railways*, par ses financiers qui trônent à la City. Sans doute, son hégémonie est bientôt menacée par l'Allemagne, ce qui l'amène à se rapprocher de la France malgré une rivalité coloniale, effective cette fois, et qui s'est manifestée par une nouvelle humiliation pour la France à Fachoda au Soudan, où sa garnison doit baisser pavillon devant les armées de Kitchener (1901). En 1914-1918, l'alliance tient bon, sinon qu'après la guerre la Grande-Bretagne s'oppose à la tentation hégémonique des Français sur la rive gauche du Rhin et s'attire leur ressentiment.

Venu de loin, celui-ci rétablit la méfiance entre les deux pays que tout cependant devrait rapprocher face à Hitler. Seul Churchill essaie vraiment de restaurer la confiance entre les deux pays. Mais la défaite française de juin 1940 puis l'opération de Mers el-Kébir, où les Anglais détruisent la flotte française de peur que les

Allemands ne mettent la main dessus, « cette tragique nécessité » sape à nouveau la confiance, de Gaulle étant un des rares à oser, tout en colère, la justifier.

Reconnaissants mais amers, les Français doivent tirer aux Anglais leur chapeau, ils ont résisté aux Allemands au-delà de toute mesure et ont tenu jusqu'à une très improbable victoire. Heureux mais un peu jaloux, les Français s'associent à eux lors de la crise de Suez. Les deux colonisateurs, pour une fois solidaires outre-mer, subissent alors un échec humiliant, victimes de l'alliance « honteuse » des États-Unis et de l'URSS avec Nasser. Alors qu'auparavant Français et Anglais n'avaient cessé, outre-mer précisément, de remporter des succès.

Ainsi, il est paradoxal que c'est aux moments les plus sombres de leur histoire – 1914-1918, 1939-1945, 1956, lorsque les deux pays furent alliés –, que la méfiance des Français envers les Anglais fut le plus vive et en Angleterre la francophobie le plus forte : la lecture de la presse en témoigne.

C'est en France que le ressentiment contre les Anglais est le plus enraciné et, au XIXe et au XXe siècle surtout, que sont nés ou reproduits tous les stéréotypes antianglais qu'avive le souvenir de Jeanne d'Arc et de Napoléon.

Déjà, au XVIIIe siècle, les Français accusaient les Anglais de se battre grâce à leur argent avec le sang des autres. Accusation ravivée en 1914-1918, alors qu'en vérité les Anglais ont comptabilisé presque autant de morts que les Français et non, comme on l'a dit, pour sauver leur empire, mais sur la Somme et dans les Flandres également. Dans *La Grande Illusion*, les Anglais, prisonniers, sont vus avec des raquettes de tennis – une manière de dire que ce ne sont pas de vrais soldats.

Dans *Alerte en Méditerranée*, tourné en 1938, les marins français chantent des hymnes antianglais, et non antiallemands. Les commandants français du navire mettent sur le même plan Anglais et Allemands, alors qu'à cette date l'Anglais est l'allié et l'Allemand l'ennemi.

La guerre une fois déclarée, le ressentiment de Pétain et de Weygand s'alimente au peu d'efforts des Anglais pour débarquer un corps expéditionnaire substantiel et à leur refus d'utiliser leur aviation. « Les Anglais nous abandonnent », comme pendant la drôle de guerre les Français ont abandonné les Polonais. À Dunkerque, les Français veulent croire que seuls les Anglais vont en réchapper, mais, tout compte fait, on s'aperçoit qu'un bon tiers des rescapés étaient français. Bref, quand vient Mers el-Kébir, le ressentiment s'alimente de toutes les blessures passées.

Et puis voilà qu'après guerre Churchill, face à la menace soviétique, en 1946, à Zurich, propose que les Européens s'unissent. La France fait la fine bouche : comment un tel projet peut-il ne pas venir d'elle-même... Et cela donna, avec le plan Monnet, le plan Schuman.

Alors, les Anglais firent remarquer que les trois hérauts de cette Europe nouvelle, Gasperi, Adenauer et Schuman, représentaient des pays qui, respectivement, avaient embrassé le fascisme, le nazisme, la collaboration.

Que les Anglais fissent la morale, voilà une nouvelle insolence qui s'ajoutait aux griefs passés. Leur primauté serait devenue intolérable s'ils n'avaient, après la victoire de 1945, perdu une partie de leur puissance...

Après avoir été les maîtres du *business* et des *railways*, avoir inventé le *football* et le *rugby* ainsi que le *lawn-tennis* et les *week-ends*, fait triompher le *beefsteak*, le *rosbif*, les *Beatles* et le *rumsteck*, voici que, maintenant, ils étaient, une fois de plus, les premiers à manifester des signes de décadence…

Jalousie ou ressentiment ?

Allemagne-France : l'alternance des ressentiments

« Il y a dans tous les Français du ressentiment contre l'étranger », écrivait Benjamin Constant dans ses *Journaux intimes* en 1816. Cela n'empêche pas les Français aussi bien « d'avoir la mémoire courte », disait Pétain en 1941. Sélective plutôt, mais sont-ils les seuls ?

En commémorant benoîtement le tricentenaire des traités de Westphalie en 1948, le président Vincent Auriol comptait tout au plus rappeler le rattachement de l'Alsace à la France et plus encore la fin de la guerre de Trente Ans.

Pour autant, qu'à cette date, vif était encore le ressentiment des Français contre l'Allemagne alimenté par un contentieux séculaire, il ne lui venait pas à l'idée qu'il raviverait le ressentiment des Allemands contre la France, celui-ci né bien avant celui-là ; mais qui en avait conscience en France ?

C'est en effet lors de la guerre de Trente Ans (1618-1648) que la participation de la France à ce conflit l'avait fait sortir des rivalités traditionnelles entre « maisons » pour sécréter un ressentiment de caractère national. L'annexion de lambeaux d'Alsace fut le point de départ d'un différend qui ne cessa ensuite de s'aggraver. La monarchie française apparut désormais comme une

« machine de proie » dont l'Allemagne était la principale victime. Car après les trois Évêchés, rattachés en 1559, viennent Besançon, ville libre de l'Empire annexée en 1678, des morceaux de Flandre, puis le « rapt » de Strasbourg, le tout contemporain des campagnes de Louvois, adepte de la tactique de la terre brûlée inaugurée dans le Palatinat et dont les horreurs dépassent celles de la guerre de Trente Ans. En Allemagne, on appelle *Nimmweg* la paix de Nimègue, c'est-à-dire « enlèvement », *Reissweg* ou « arrachement » le traité de Ryswick où elle gardait Strasbourg, et *Vertrag zu Unreecht*, ou « traité d'injustice » celui d'Utrecht (1713).

La France était ainsi devenue un ennemi héréditaire. Mais on n'en a pas conscience à la cour de Versailles, où l'on n'a pas fait grand cas des traités de Westphalie, tant les Allemands comptent peu alors que la lutte contre l'Espagne ou l'Angleterre paraît prioritaire.

Ignorer et mépriser l'Allemagne ajoute ainsi à son ressentiment. Car la condescendance de Louis XIV l'humilie, lui qui a même pensé en devenir l'empereur, puisque la couronne est élective. Et la France affaiblit les peuples allemands au moment où ils se glorifient de défendre la chrétienté contre l'assaut des Ottomans, le siège de Vienne datant de 1683.

Avec la Révolution de 1789, pour la première fois les deux sociétés sont en rapport, ne serait-ce que par la sympathie que réciproquement se portent les « philosophes » des deux pays, ceux des Lumières ou de l'Aufklärung : Klopstock, Hölderlin, Grimm, d'Holbach, Diderot.

Mais il n'existe pas de situation révolutionnaire outre-Rhin. Dans la guerre qui commence en 1792, si la bataille de Valmy constitue bien, selon Goethe, « un tournant dans l'histoire universelle » pour l'Allemagne, la guerre dite « révolutionnaire » s'est transformée en une nouvelle occupation par les Français suivie de conquêtes. Napoléon impose une vassalisation, une annexion puis une départementalisation de la rive gauche du Rhin. Ensuite l'acte du Recès d'empire en 1803 supprime les principautés ecclésiastiques, la plupart des villes libres et des petits États. Enfin, la création de la confédération du Rhin, en 1806, « ma confédération », disait Napoléon, s'étend bientôt jusqu'à l'Elbe. Avec ses cent trente départements, la France domine la Westphalie et la Bavière qu'elle intègre à son territoire.

Si elle accepte le Code civil, l'Allemagne se sent humiliée, rançonnée : Fichte l'appelle à la révolte.

La Révolution française a non seulement perverti ses principes en procédant à des conquêtes, mais elle a mis fin à ce qui demeurait de l'unité du pays : priorité est donc à la reconstitution de l'unité allemande en s'installant d'abord sur le Rhin. Le ressentiment des Allemands s'exprime dans la poésie de Heine auquel répond Alfred de Musset : « Vous ne l'aurez pas, votre Rhin allemand. »

Impératif catégorique, l'unification du pays s'accomplit lorsque la Prusse la met à son programme et que Bismarck l'emporte successivement sur l'Autriche-Hongrie et la France en 1866 et 1871. L'Allemagne récupère enfin les provinces « arrachées » lors des traités de Westphalie.

Mais son ressentiment ressuscite lorsque la France récupère l'Alsace-Lorraine en 1918, le « programme » allemand de 1914 ayant prévu le « retour » du Luxembourg, de la Franche-Comté, d'une partie de la Bourgogne afin que le Reich retrouvât les frontières du Saint

Empire aux temps de Sigismond. Ces objectifs sont bien ceux de Hitler et du national-socialisme qui, déjà, lors de sa victoire sur la IIIᵉ République, réintègre l'Alsace et la Lorraine, en attendant plus, lorsque le Reich aura vaincu l'Angleterre et l'URSS. Mais l'Histoire en a décidé autrement.

Quant au ressentiment des Français, il s'est exprimé contre la Prusse avant qu'il ne devienne antiallemand. Dès le XVIIIᵉ siècle, c'est le roi de Prusse qui apparaît marqué des premiers stigmates. Lors de la guerre de succession d'Autriche, en effet, entre 1740 et 1748, Louis XV est allié à Frédéric II qui l'abandonne une fois la Silésie annexée. Selon le dicton forgé à l'époque, « la France s'est battue pour le roi de Prusse ». Puis on retrouve ce monarque dans toutes les coalitions contre la France pendant la Révolution et l'Empire, en dépit des « compensations » accordées par Napoléon, en 1803-1805, pour contrebalancer ses annexions. Le ressentiment des Français monte au regard de l'aide que la Prusse apporte à la coalition européenne lors du retour de la campagne de Russie, à la bataille de Leipzig notamment. La Prusse apparaît décidément comme la puissance montante qui, avec l'Angleterre, veut la ruine de la France. Une certaine jalousie nourrit désormais le ressentiment contre le voisin d'outre-Rhin au vu de la renommée de ses écrivains, philosophes et artistes, qu'il s'agisse de Schiller ou de Goethe, puis de Hegel et de compositeurs tels que Beethoven, Schumann, Brahms, Mendelssohn et bientôt Wagner. En réaction, tout en admirant ce dernier, Claude Debussy se fait appeler « musicien français ». Parallèlement, dans les sciences, Koch fait concurrence à Pasteur et à l'École de médecine de Paris.

Que lors de la révolution de 1848 Bismarck dénonce « l'anarchie à la française » et que sa diplomatie se mette en travers de celle de Napoléon III, voilà qui nourrit le syndrome de l'ennemi héréditaire après la perte de l'Alsace-Lorraine et le siège de Paris en 1870-1871. « Mange ton pain, dit une mère à son gamin avant 1914, c'est au moins cela que le Prussien ne prendra pas. »

C'est seulement après la guerre de 1914-1918 que l'Allemand prend la relève du Prussien. Pendant la Seconde Guerre mondiale, c'est lui, et non le nazi, que stigmatisent les dirigeants et l'opinion, qu'ils soient pour ou contre la collaboration. Seuls les catholiques de gauche, autour d'*Esprit*, et quelques hommes politiques sont vraiment attentifs à cette distinction, les communistes parlant plutôt de la lutte « contre le fascisme ».

Au lendemain de la Seconde Guerre mondiale, les souffrances subies du fait de l'Occupation puis la découverte des camps d'extermination exacerbent le ressentiment, visant cette fois tous les Allemands, nazis et complices, militaires ou civils.

Pourtant, peu à peu, un double changement s'observe. Alors que la majorité des Français portent les stigmates de l'Occupation, ceux d'entre eux qui ont été prisonniers – non les déportés, bien sûr – ont une vision de l'Allemagne plus favorable, car ils n'ont pas été maltraités, un sentiment que le cinéma a exprimé dans *La Vache et le Prisonnier* d'Henri Verneuil avec Fernandel (1959) et *Le Passage du Rhin* d'André Cayatte avec Charles Aznavour (1960). Par ailleurs, divisée en quatre (les deux Allemagnes, l'Autriche, Berlin), l'ancien Reich n'apparaît plus menaçant, ce sont les Américains ou les Soviétiques qui sont jugés tels : de Gaulle donne l'accolade de la réconciliation à Adenauer, geste qui sera renouvelé par Mitterrand et Kohl à Verdun. Par ailleurs, grâce au plan Monnet et à Robert Schuman, les relations économiques entre les deux pays se développent, une certaine complicité apparaissant entre les « managers » des deux côtés du Rhin. Enfin, en France, on a de plus en plus tendance à faire retomber sur Vichy la responsabilité de crimes longtemps imputés aux Allemands et à eux seuls.

Nul doute que le film *Le Chagrin et la Pitié* de Marcel Ophuls (1969) ainsi que le livre de Robert Paxton *La France de Vichy* n'aient contribué au déplacement de ce ressentiment. Sauf évidemment chez les descendants de victimes du nazisme, même si l'Allemagne officielle n'a cessé de dire sa repentance pour les crimes commis à l'époque nazie.

En 1931, Briand et Laval rêvaient que les deux pays « enterrent la hache de guerre ». À l'aube du XXIe siècle, on peut penser qu'il en est ainsi. Et pourtant, la réunification de l'Allemagne en 1989 a pu donner quelques frissons à ceux qui, tel François Mauriac, disaient qu'ils aimaient tellement l'Allemagne qu'ils en souhaitaient plusieurs.

Postcolonisation
et communautarisme

Au tournant de ce siècle, la violente remontée des ressentiments témoigne, s'il en était besoin, qu'en histoire la page n'est jamais tournée et que, tel Fukuyama, parler de « la fin de l'Histoire » est sans consistance.

Qu'il s'agisse du retour de l'islam ou de la réactivation du djihad, du feu qui couve en Amérique indienne, des effets pervers de la faillite du communisme soviétique, tous ces phénomènes sont apparus surprenants, sinon imprévisibles.

C'est que le problème colonial n'a pas pris fin avec les indépendances, pas plus que les gigantesques mouvements de population qui les ont accompagnées. En Amérique andine, par exemple l'a-t-on oublié, ce sont les colons qui se sont rendus indépendants de l'Espagne, non les indigènes des colons. En Europe, on ne cesse d'être confronté aux séquelles de la colonisation, aux jugements qu'on porte sur elle. L'échec de l'expérience soviétique n'a pas mis un terme aux idées anti-impérialistes qui en avaient été, pour une part, à l'origine, sans parler de la nostalgie que cette fin a pu, ici ou là, sécréter.

Y aurait-il des liens entre ces phénomènes ?

En tout cas, si aucun fil rouge ne peut être vraiment décelé, il demeure qu'au travers du ressentiment que les épreuves d'autrefois ont pu faire naître ce passé est aussi présent que le présent, et souvent il l'anime.

Tentons d'établir l'un des parcours du ressentiment de l'ancienne traite arabe puis atlantique jusqu'à aujourd'hui.

Black is beautiful

Le monde africain a eu lui aussi son Spartacus.

Il s'appelait Ali Ibn Mohammed, surnommé Sahib al-Zandj, c'est-à-dire le maître des Zandj, ces Africains en majorité bantous, emmenés comme esclaves, notamment en Mésopotamie (l'Irak d'aujourd'hui) pour rendre cultivables les terres nitreuses du Chatt el Arab. Ils étaient groupés par chantiers de 500 à 5 000 travailleurs, parqués, nourris de farine, de semoule et de dates. Les premiers soulèvements de 689 et 694 échouèrent. Celui qu'anima Ali Ibn Mohammed contre les Arabes dura de 869 à 883, contemporain en Occident de Charles le Chauve et des invasions normandes. L'insurrection s'empara d'une demi-douzaine de cités, dont Basra, et aboutit à la constitution d'un État. Depuis sa capitale Mani'a, il domina toute la région des canaux avant d'être écrasé par le futur calife abbasside Al-Mutadid. Ali Ibn Mohammed fut tué, et ses proches compagnons décapités.

Ce triomphe sur les esclaves fut célébré à Bagdad comme une grande victoire. Le régent qui l'obtint reçut le titre de « Al-Nasir li din Allah » – celui qui soutient la religion de Dieu.

Car ce maître des Zandj avait embrassé plusieurs doctrines religieuses ; c'était également un poète et sa révolte, fille de l'humiliation.

À sa manière, il reprenait les accents de Jahiz de Basra, un prosateur, lui aussi de descendance partiellement africaine. Dans *L'Enorgueillissement des Noirs*, il prenait la défense des Zandj vis-à-vis des Arabes en mettant l'accent sur leurs qualités : « [...] forts, courageux, enjoués et généreux, et cela non du fait de la faiblesse de leur intelligence, de leur indifférence aux conséquences de leurs actes. (...) Et puis, ne connaissait-on pas d'eux que ceux d'entre eux qui avaient été réduits en esclavage... ». Il concluait que « la couleur noire est belle dans la nature, dans le règne animal, et chez l'homme aussi. Ce noir-là n'est pas une punition, mais le résultat de conditions naturelles : les sauterelles sont vertes sur les feuilles, les poux sont noirs sur la tête d'un jeune homme et blancs si ses cheveux blanchissent ».

Cette insurrection « mettait fin à l'unique essai dans le monde musulman de transformer l'esclavage familial en esclavage colonial[21] », c'est-à-dire en faisant des captifs des travailleurs forcés.

Par rapport à la traite arabe ou africaine, la traite et l'esclavage atlantiques présentaient une différence essentielle : non seulement le déracinement brutal, mais le départ en mer dans des conditions inhumaines et pour des cieux inconnus. Avant même que le travail forcé ne parque ces malheureuses victimes, leurs épreu-

---

21. Alexandre Popovic.

ves, les souffrances subies ont bien constitué une violence comme l'Histoire en avait peu connu.

Il demeure qu'en Afrique noire les Zandj, comme les autres, ont gardé en mémoire la meurtrissure des violences liées à la traite.

Étant donné qu'aujourd'hui la colonisation puis l'indépendance ont recouvert ce passé lointain, que l'impérialisme multinational enserre et paralyse des sociétés africaines mixtes (chrétiennes, musulmanes, polythéistes), la main des historiens africains tremble à évoquer ce passé-là. C'est donc une caméra qui a rappelé le ressentiment en pays Ouolof du Sénégal, que les « hommes du refus », les *Ceddo*, nourrissent contre l'islam conquérant.

Dans ce film de Sembène Ousmane (1977), jaloux de leur liberté, les Ceddo combattent à la fois la religion musulmane, le commerce colonial et le catholicisme. Voulant convertir les esclaves, le prêtre assiste, passif, à l'endoctrinement des conseillers du chef qui, peu à peu, perd la substance de son pouvoir, le représentant de l'islam ayant mis la main sur le pouvoir spirituel puis le pouvoir temporel. Les Ceddo se soulèvent alors et enlèvent la fille du chef. Prisonnière, elle ne manifeste aucun sentiment d'hostilité ni de sympathie envers ses ravisseurs. Une lutte armée commence entre les Ceddo et le nouveau pouvoir. La princesse est reprise et doit convoler avec le nouveau chef, un musulman. Au moment de l'hymen, elle le tue.

C'est ainsi une femme jeune et belle qui incarne la détermination et la liberté. Elle défend également l'identité de son peuple, que vont pervertir des usages venus d'ailleurs. Un film courageux dans un pays dont les élites sont musulmanes.

Le sort des victimes de la traite atlantique invite naturellement à s'interroger sur leurs réactions une fois parvenues en Amérique. On sait qu'aux Caraïbes comme dans les colonies qui deviendront les États-Unis elles multiplièrent les actes de désespoir : automutilations et suicides ne se comptent pas. D'autres cherchèrent à s'échapper ou se révoltèrent. Les fuites, ou marronnages, étaient mieux à même d'aboutir dans des régions tropicales peu peuplées comme il y en avait au Brésil, au Surinam, à la Jamaïque. Quant aux révoltes, certaines aboutirent jusqu'à la reconnaissance de l'indépendance, ainsi à Haïti, mais la plupart furent brisées. Par exemple, celle de Nat Turner, aux États-Unis, en 1831 : elle fut écrasée après avoir semé la panique en Virginie où cent esclaves assassinèrent soixante personnes en vingt-quatre heures, avant d'être exterminés eux-mêmes. Quant aux révoltes individuelles, elles furent innombrables.

Dans la plupart de ces colonies, les fêtes constituaient le cadre institutionnel de la survivance des chants, danses et autres manifestations musicales d'Afrique. Leur organisation devenait la matrice d'une sorte de contre-pouvoir qu'exerce celui qu'on appelle le « gouverneur » et dont les Blancs acceptent la prééminence, car il est souvent un descendant de roi, et c'est lui qui négocie avec le maître. Celui-ci traduit volontiers les délinquants devant ce « gouverneur », détournant ainsi le ressentiment des esclaves contre les membres de leur propre communauté.

Quant aux esclaves convertis, ils ont mieux gardé leur héritage africain dans les pays catholiques, où il a donné naissance à un syncrétisme aux formes variées, que dans les pays protestants, où le Noir n'est accepté comme membre d'une Église que pour autant que son instruction est réelle. L'évangélisation a ainsi entraîné la disparition d'une bonne partie de leurs traditions africaines.

S'est-il vraiment donné une âme de Blanc ? Voilà une question que Fantz Fanon a posée dans *Peau noire, masques blancs* (1952). Est-ce une réponse à ce qu'écrivait Gunnar Myrdal en 1944, dans *An American Dilemma*, à savoir qu'aux États-Unis le Noir était d'abord un Américain ? Et aux Antilles françaises ?

À la Martinique, une des premières mesures prises par la IIᵉ République, en 1848, fut que « la population entière, dans la fraternité, deviendrait citoyenne française ». La République avait été proclamée le 25 février, la liberté et le suffrage universel établis le 5 mars. Aux nouveaux affranchis, on donna un titre de citoyenneté, c'est-à-dire une nationalité et une identité choisies ou forcées, le 27 avril, en même temps que fut promulgué le décret sur l'abolition de l'esclavage. Concrètement, cela se traduisit par une amnistie pour les esclaves « que l'horreur de la servitude a porté à s'enfuir, aux marrons qui ont occupé des terres », ajoutait le décret.

Bref, constate-t-on à lire les analyses de Myriam Cottias, en leur pardonnant, on oublie quel sort indigne était le leur. Plus : des violences ayant éclaté le 22 mai, jour où l'émancipation est reconnue, et enfin parvenu le décret de promulgation attendu, « la proposition de paix sociale qui s'appuyait sur l'oubli des inégalités et du passé devient l'oubli des événements du 22 mai ». Il fallait oublier la violence des émeutes et non l'esclavage, l'amnistie devenant celle des émeutiers. La messe du 8 juin 1848 fut consacrée à ces victimes-là, celles du 22 mai, non pour la faute commise envers les esclaves, mais par les esclaves, pour assurer l'assoupissement des passions.

Bissette, homme de couleur libre, avait été banni quelques années plus tôt pour avoir écrit « qu'il ne pardonnerait jamais à ses bourreaux ». Depuis, « il ne nie pas le profond ressentiment qu'y avait gravé la conduite envers lui », mais il constatait avec plaisir que ce sentiment s'était estompé du fait de la reconnaissance en France des iniquités dont il avait été l'objet.

Il reste qu'à la Martinique comme à la Guadeloupe les relations de travail – « un nouvel esclavage » –, le montant des salaires, le racisme des colons perpétuent le souvenir du temps passé. « Vaniteux Africain », s'exclament les Blancs – « Mort aux Blancs », répondent les Noirs, ces cris ponctuent l'histoire des Caraïbes.

Il faut attendre et attendre encore pour qu'officiellement l'esclavage ne soit pas seulement aboli mais explicitement condamné « comme crime contre l'humanité » : un acte du parlement acquis grâce à l'éloquence de Christiane Taubira, députée de la Guyane, qui peut s'écrier désormais « qu'elle est fière d'être noire ».

« Moi, je voudrais voir le jour où les gens de mon peuple seront fiers d'être noirs et admettront leur couleur avec dignité », écrivait Kenneth Clark dans *Ghetto noir*. Aux États-Unis, au début des années 1950, on en est encore bien loin, même si les Églises disent leur solidarité avec le Mouvement pour les droits civiques du pasteur Martin Luther King, héros de la non-violence. Car, indépendamment de l'agressivité des racistes du Ku-Klux-Klan dans le *Solid South* (Vieux Sud) surtout, le racisme ordinaire règne un peu partout. Dans tout conflit qui éclate, c'est toujours le Noir qui est coupable,

comme on le voit bien dans *Intruder in the Dust*
(*L'Intrus*) de Clarence Brown. « Tant pis ou tant mieux
si le sang doit couler, mais tout est possible », dit-on
alors dans les communautés noires, aigries par tant
d'ingratitude et de cruauté. N'ont-elles pas, dès la guerre
d'Indépendance, joué les ambulanciers, sauvé des vies,
manifesté civisme et dévouement comme personne ?
N'ont-elles pas fait leur devoir pendant les deux guerres ? Or, c'est au lendemain de la Première, en 1919, que
le plus grand nombre de Noirs avaient été lynchés dans
le Sud : 70. Certains portaient pourtant l'uniforme de
leur unité militaire. Cette année-là avait compté
25 émeutes. En 1941, les Noirs avaient été exclus à un
banquet de soutien à l'effort de guerre. L'exaspération
ne cessait de croître contre ces humiliations, au point
que le président Eisenhower, pour la première fois
depuis l'époque de Lincoln, prit position pour stigmatiser publiquement les excès de la ségrégation. *Mais*,
explique-t-il aux Actualités Paramount, « c'est parce que
cela donne une mauvaise image de l'Amérique à l'étranger ». On est alors en pleine guerre froide.

Certes, des premières mesures sont imaginées pour
limiter la ségrégation – les quotas, par exemple, dans
l'armée ; mais rien d'important, de sorte que le ressentiment et l'attente dans l'impuissance sécrètent à la fois
transfigurations et explosions : les années 1960 et 1970
furent décisives.

Une des premières solutions extrêmes, imaginée par
les Noirs, avait été, dès le début du siècle, le retour en
Afrique. Cette idée avait couru, développée par Marcus
Garvey, proposant la création d'une sorte de sionisme
noir, à l'imitation des juifs dispersés dans le monde,
pour que se retrouvent 400 millions de Noirs, qui dispo-

seraient enfin d'une nation. Son drapeau devait être rouge comme le sang versé au cours de l'Histoire, noir comme la couleur de la peau dont on doit tirer orgueil et non honte, et vert comme l'espérance. Serait-ce l'Afrique ? « Non », pour James Baldwin comme pour d'autres qui y font un pèlerinage et en reviennent désenchantés... De retour aux États-Unis, ces pèlerins se sentent plus américains qu'africains.

« Avoir une nation avant d'avoir un Dieu », avait-on répété. C'est bien ce qui se passa dans les colonies européennes dont un bon nombre devinrent indépendantes tant dans les Caraïbes – Trinité-et-Tobago, la Jamaïque, etc. – qu'en Afrique tropicale. Mais, aux États-Unis, faute d'imaginer que les Noirs puissent être souverains dans un quelconque État, l'adhésion à l'islam apparut le recours.

Ces *Black Muslims*, partisans d'un Pouvoir noir, disent que « le temps des Blancs est terminé... Pourquoi s'intégrer à des mourants ? ». Actifs, fonctionnant comme une communauté, ils adoptent un comportement conforme aux normes les plus sévères de l'islam : puritains, ils ne boivent pas, ne fument pas, produisent des films où se révèlent toutes leurs vertus, mais tellement ennuyeux que bientôt les salles de leurs cinémas se vident. Toutefois, la vraie désillusion vient du monde musulman, arabe en l'occurrence, dont ils espéraient une aide, à l'ONU ou ailleurs, où seraient défendus leurs droits, comme cela s'était passé pour les musulmans de Tunisie lorsque la politique française y fut mise en accusation. Or ce monde arabe, alors animé par Nasser, cherchait à obtenir l'aide américaine face au « colonialisme » anglo-français, à Suez notamment. Il se désintéressa donc de cette communauté musulmane qui avait espéré se greffer sur un monde qui l'aiderait à se libérer.

En 1957, un grave incident éclate à Little Rock (Arkansas). Le gouverneur fait appel à la Garde nationale pour empêcher l'intégration scolaire des Noirs. Le président Eisenhower fait appel à l'armée pour permettre l'accès des enfants noirs aux écoles. Le gouverneur décide alors la fermeture des établissements publics, mais la décision est déclarée illégale par la Cour suprême.

Après qu'en 1963 une grande marche sur Washington a réuni, pacifiquement, des Blancs libéraux à côté des Noirs, le *Black Muslim*, Malcom X est assassiné. Bientôt le leader non violent Martin Luther King l'est à son tour. Pourtant, si les violences se multiplient, explosant dans de nombreuses villes en 1970, quelque chose d'autre se passe dans les profondeurs de la société.

Dans *Blackboard Jungle* (*Graine de violence*), un film de Richard Brooks réalisé en 1955, on voit, pour la première fois, une bande d'adolescents blancs et noirs briser sauvagement le 78 tours de jazz de leur professeur et lui substituer un 45 tours, *Rock around the Clock*, le rock'n roll s'opposant au jazz comme les adolescents à leurs aînés. Dans ce film aussi, pour la première fois, un Noir, Sydney Poitier, tenait un des premiers rôles.

Le plus grand succès de l'histoire de la musique coïncidait avec la première intégration assumée des Noirs dans le monde des Blancs, le ressentiment des uns et des autres s'exprimant, pour les jeunes, contre leurs aînés : « Le souvenir le plus vivant de mon enfance, chantaient les Sex Pistols, est la haine des profs. » Le mépris envers ses « vieux » aussi, blancs ou noirs.

Dans le rock'n roll se croisaient des éléments de culture noire et de culture blanche, la musique contribuant ainsi au processus de réunion culturelle des Noirs à la nation américaine. Paul Yonnet jugeait ainsi que

166

« désormais, tandis qu'avec Chuck Berry les Noirs chantent des hymnes à l'automobile, au temps libre, au flirt, exprimant leurs désirs en symétrie avec Elvis Presley, les jeunes Blancs s'approprient la "sexualité" noire, par extériorisation d'attitudes érotiques ».

Les « vieux Noirs » de La Nouvelle-Orléans et du *Solid Sud* d'un côté, le KKK de l'autre exprimaient aussitôt leur colère. La diffusion du rock'n roll les humiliait.

Parallèlement à cette explosion musicale, le mouvement contestataire changea de nature lui aussi.

À la différence des *Black Muslims*, les *Black Panthers* ne sont noirs que sur leur sigle. Ils ne se veulent pas noirs mais révolutionnaires. Parmi eux – et je les ai rencontrés – il y a autant de Blancs que de Noirs, d'Asiatiques, de « Latinos ». Marxistes et léninistes, ils se veulent américains dont peu importe l'origine. Le double assassinat de Malcom X et de Martin Luther King les amène à organiser des luttes urbaines où, très disciplinés, ils défilent, impeccables, en rythme et le poing levé.

En 1970, leur montée en puissance inquiète la Maison Blanche. Leur mouvement est brisé. On retrouve leurs leaders à Alger, tel E Cleaver, et dans d'autres combats tiers-mondistes.

Sans doute, la violence organisée, révolutionnaire ou non, avait fait faillite. Mais en trente ans, quels changements n'étaient pas apparus ! Par leurs prières dans les meetings, par leurs marches silencieuses, en levant le poing lors de leurs victoires aux jeux Olympiques, les Noirs avaient acquis, de haute lutte, leur place dans la société américaine. Ils arboraient ces victoires en plaçant leurs plus belles filles, telle Angela Davis, en tête des cortèges.

Black is beautiful. *Souriants, les Noirs lèvent le poing
aux jeux Olympiques de 1968.*

Quelle allure : *Black is beautiful*.

Tel devenait le slogan d'une communauté qui avait transformé son ressentiment en fierté conquérante. Elle avait soulevé la pierre du tombeau, et voyait enfin la lumière...

Le choc culturel et politique de ces années avait amené le gouvernement américain à prendre des mesures : successivement, l'introduction d'un quota dans l'administration et les forces armées, puis l'*Affirmative Action*, une forme de discrimination positive pour compenser le handicap racial. Le résultat en fut bien qu'à une petite bourgeoisie noire déjà existante, notamment à New York, s'ajouta une élite cultivée composée de juristes, d'universitaires, etc. Elle conquit bientôt des mairies, à Chicago, San Francisco, et même à New York en 1989. On la trouve aujourd'hui au sommet de l'État.

Dans la société noire demeure néanmoins d'immenses poches de misère, et se perpétuent incidents et émeutes raciales.

Pour les Noirs, l'idée de recevoir une indemnisation de l'esclavage dont ils avaient été victimes était une promesse qu'ils avaient bien oubliée. Elle datait de 1865, lorsque le général William Sherman avait promis à chaque famille d'esclaves libérée « quarante acres et une mule pour labourer ».

Ce furent les *Black Panthers*, durant les années 1960, qui en rappelèrent l'existence. Ils demandèrent son exécution dans leur programme en dix points, réveillant le ressentiment et les espoirs de leurs congénères. Pour réactiver cette exigence, ils s'appuyèrent sur l'exemple de l'Allemagne fédérale qui avait indemnisé les enfants de déportés juifs dans les camps d'extermination.

Depuis 1989, chaque année, le député John Conyers dépose un projet de loi pour la création d'une commission qui étudierait la question. En s'appuyant sur les principes de l'*Affirmative Action*, les avocats des Noirs eurent ainsi l'idée de déposer plainte contre les firmes, toujours existantes, dont la fortune était issue originellement du trafic ou du travail des esclaves qui y avaient travaillé et qui vivaient toujours dans la région. « L'esclavage a laissé des traces dans la société d'aujourd'hui et a condamné la population noire à la pauvreté, au chômage, au manque d'éducation. C'est cela que nous voulons réparer », a précisé l'un des avocats.

Repentance ? Non, réparations !

Lorsqu'à Durban, en 2001, un grand nombre de représentants des États africains et arabes se réunirent pour obtenir des excuses et des réparations de la part de ceux qui avaient pratiqué la traite et l'esclavage, l'Union européenne fit des excuses pour les crimes passés, mais refusa toute idée de dédommagement. Par ailleurs, les représentants africains étaient circonspects, divisés, car autrefois dans l'ancien Dahomey, par exemple, les Yoruba avaient été victimes des Fon ; au Gabon, les ventes d'enfants continuaient d'être une pratique courante, etc.

À l'exemple des Noirs américains qui essayaient d'obtenir une indemnisation des forfaits commis dans le passé, 80 000 Sioux ont pu obtenir, eux aussi, un dédommagement. Grâce à de bons avocats, les Aborigènes d'Australie se sont vu également reconnaître des droits.

Le ressentiment des colonisés

C'est en Amérique indienne que la revendication sociale ou politique, jointe ou non au ressentiment, a connu les formes les plus variées durant les années 1980, depuis la simple exigence de réparation, chez les Mapuches du Chili, jusqu'au terrorisme révolutionnaire du *Sentier lumineux*, au Pérou. En Bolivie, le dépeçage économique du pays par les multinationales a suscité un sursaut indianiste qui a pris démocratiquement le pouvoir ces dernières années.

Pour mesurer la portée de ce réveil indien, également dans les autres pays andins, il faut se rappeler que les mouvements d'indépendance de l'Amérique latine, qu'incarnent les noms de Bolivar et San Martin, « les libérateurs », étaient des mouvements d'indépendance menés par les colons contre l'Espagne, ce n'était pas des mouvements indigènes. D'ailleurs, au Pérou, ceux-ci s'étaient rangés aux côtés des Espagnols, car la Couronne et l'Église cherchaient à limiter la toute-puissance des conquistadors et de leurs héritiers. Ira-t-on jusqu'à dire qu'avec l'indépendance des années 1830 le sort des Indiens s'est aggravé ? Ce serait mal poser le problème, car les zones purement indiennes sont rares et les populations métisses dominent largement. Les purs créoles d'origine européenne ne sont, en effet, majoritaires qu'au Chili. « Nous sommes tous des métis », répètent volontiers les Péruviens, alors qu'il existe de larges zones indiennes dans la Sierra. En Bolivie, les métis « jouent les Blancs » face aux Indiens.

Quoi qu'il en soit, si les vrais conflits sont à la fois sociaux et raciaux liés au degré de métissage – on a pu dire que règne la pigmentocratie[22] –, un vieux ressentiment demeure néanmoins contre les premiers conquistadors. Dans un livre fameux, *La Vision des vaincus*, Nathan Wachtel a montré, en 1967, comment il s'exprimait par la danse dans le folklore indigène ; plus récemment, Federico Garcia remplissait les salles de cinéma de Lima, Cuzco et Ayacucho avec son film, *Tupac Amaru* : le public était majoritairement indien ou métis. Dans ce film, le dernier Inca est finalement vaincu en 1781, après une ultime insurrection indienne, « à cause de la trahison d'un Espagnol ». La défaite de Tupac Amaru eut bien d'autres causes, notamment la division des Indiens entre eux. Mais ce scénario révèle le sentiment de culpabilité des intellectuels péruviens qui, métis ou créoles, ont constitué le dossier de la conquête. Exprimant un point de vue anticolonialiste, leurs analyses ont nourri les programmes des révolutionnaires dont l'action était longtemps demeurée verbale. En passant à l'acte, le *Sentier lumineux* les a mis au pied du mur, car il s'inspire des mots d'ordre et des pratiques les plus durs du maoïsme, agissant à la Pol Pot.

Durant les années 1980, on pouvait lire, à plus de 3 000 mètres d'altitude, sur la Sierra de Cuzco, écrit en lettres de feu, « À bas les traîtres albanais ». Il s'agissait d'un avertissement du mouvement internationaliste du *Sentier lumineux*, maoïste, qui stigmatisait le régime albanais pour s'être détaché de la Chine, nouveau leader

---

22. Dans le vocabulaire, le système pigmentocratique définit tous les croisements : métis (Espagnol/Indien), castizo (Métis/Espagnol), mulâtre (Espagnol/Noire), morisco (Espagnol/Mûlatresse), albino (Morisca/Espagnol), etc.

de la révolution mondiale. Suivant l'analyse du marxiste Mariategui, selon laquelle le Pérou était demeuré un pays colonial, le *Sentier lumineux* flattait l'indigénisme, mais il était en réalité animé par des métis. Son leader, Abimaël Guzman, appartenait au personnel administratif de l'éducation nationale, il était à l'origine professeur de philosophie, spécialiste de Kant. Il exprime sa haine envers Teng Siao-Ping en exposant des chiens pendus dans les arbres, et son mépris envers Moscou qui avait trahi la révolution mondiale. Ses seuls associés étrangers, dans l'Internationale du *Sentier*, ou « Quatrième Épée » après Marx, Lénine et Mao, sont le parti communiste Mao de Colombie et des groupes révolutionnaires, notamment trotskistes, tel le Tupac Amaru au Pérou, ou encore des groupes castristes et guevaristes dans le reste de l'Amérique latine.

Comme chez ses maîtres à penser, le « camarade Gonzalo » cherche l'efficacité : face aux « colonisateurs » de Lima et de la côte, il pratique le terrorisme à la façon du FLN algérien en s'attaquant aux symboles du pouvoir – les casernes, les ministères, etc. – et en multipliant les attentats spectaculaires, par exemple en privant la capitale d'électricité. Parallèlement, il a suffisamment d'enracinement dans la région d'Ayacucho pour s'y trouver « comme un poisson dans l'eau », selon la formule maoïste, cette région étant son Yenan à lui. Dans ce territoire qu'il contrôle, il pratique la terreur d'État de type lénino-stalinien, prenant des mesures draconiennes pour qu'elles « affament les villes ». Sont donc exécutés les villageois qui continuent, pour survivre, de leur livrer fruits et légumes. Pris entre cette politique de terreur et la répression que l'armée, souvent appelée à l'aide, exerce, les populations sont désemparées.

En moins d'une dizaine d'années, le soulèvement du *Sentier lumineux* a fait 69 000 morts. Jugeant alors que le passage de la Chine à l'économie de marché et l'échec de la révolution sandiniste en Amérique centrale ont compromis l'avenir de la révolution mondiale, donc que « la lutte armée n'est plus viable », Guzman se laisse arrêter en 1992. Associé à celui de Tupac Amaru, son combat était responsable de 59 % de ces morts, et l'armée, de 28 %, l'origine de la mort des autres victimes n'étant pas identifiée.

Une commission Vérité-Réconciliation, créée en 2001, animée par des collectifs plus que par l'État, s'efforce de redonner voix à un fonctionnement politique, postcolonial, postrévolutionnaire.

Il demeure que l'expérience du *Sentier* a conforté la remontée indienne et des couches populaires les moins créolisées, celles qui ne cherchent pas à se faire passer pour créoles. Et que, dans l'ensemble de ces pays andins, l'anticolonialisme a pris la figure de l'anti-impérialisme, l'alliance entre les classes dirigeantes et les États-Unis constituant le dénominateur commun au ressentiment général. Sous sa forme la plus extrême, à la façon dont, au début des années 1960, Fidel Castro tendait la main à Nikita Khrouchtchev, en 2007, c'est Chavez, au Venezuela, qui tend la main à l'Iran d'Ahmadinejad.

S'il est indubitable que les ressources pétrolières du Venezuela ont rendu la population sensible à la fuite des dividendes de cette richesse nationale – comme c'est également le cas du gaz en Bolivie –, la vigilance des dirigeants antérieurs avait déjà été à l'origine de la création de l'OPEP, ce cartel du pétrole conclu en 1960 avec des pétroliers arabes.

Il reste que le ressentiment de la population véné-zuélienne à l'encontre des États-Unis est plus ancien, le pétrole n'y ayant été découvert qu'en 1922.

Il date de la « crise » de 1902 qui marque le passage, dans ce pays, mais également dans d'autres, de l'hégémo-nisme européen à celui des États-Unis. Théodore Roosevelt mène alors la croisade armée contre ces débiteurs, au nom de tous les créanciers du Venezuela. Contempo-raine de l'expédition contre les Boxers de Chine dirigée par Guillaume II, cette intervention s'effectue au nom de la doctrine de Monroe « pour protéger le pays d'une intervention européenne » (sic), et en vertu de principes moraux. Car les Américains procèdent autrement que les Européens.

En Amérique « latine », jusque-là, les Anglais n'avaient donné aucun caractère idéologique à leur emprise économique. Ils n'y venaient pas, comme en Afrique, « au nom de la civilisation » : ils faisaient du *business as usual*. Les Américains, au contraire, veulent exporter leur puritanisme d'origine, cette exigence de vertu qui est à la source de leur indépendance. Ils vou-draient amener les Sud-Américains à une « saine » ges-tion de leurs affaires, ce qui apparut d'emblée aux Latino-Américains comme une ruse hypocrite pour contrôler leur budget. Le moralisme pédagogique avait pour fin de perpétuer leur domination, tant il est vrai que le maître garde toujours un ascendant sur son élève.

Pratiquant la politique du « gros bâton », les États-Unis avaient « libéré » Cuba de la domination espa-gnole ; au nom de leur sécurité, ils contrôlaient Panama, raflé à la Colombie ; plus tard, ils ont multiplié les ingé-rences dans la politique des petits États bananiers d'Amérique centrale. Encore plus tard, comme l'a montré Noam Chomski, l'importance des crédits versés par le Département d'État ou la CIA aux gouvernements du Centre et du Sud américains ne fut pas sans relation avec les crimes commis dans ces pays contre les droits de l'homme.

Cette aide est apportée au nom de la lutte pour la démocratie, contre la subversion, et en vertu des principes de rigueur morale que la politique américaine entend prétend incarner.

« La morale de l'esclave dit "non" et c'est ce "non" qui enfante des valeurs », écrivait Nietzsche. Tant que l'action lui est interdite, l'homme du ressentiment rumine une vengeance imaginaire. On retrouve ces caractéristiques chez les colonisés.

Chez Nehru, le sarcasme voisine avec une certaine admiration envers l'oppresseur. « Un des traits les plus remarquables de la domination anglaise aux Indes, est que les plus grands maux qu'elle a infligés à ce peuple présentent extérieurement l'apparence de bienfaits du Ciel : chemins de fer, télégraphe, téléphone, radio et le reste furent les bienvenus ; mais nous ne devons pas oublier que leur premier objet fut le renforcement de l'impérialisme britannique sur notre sol en permettant le resserrement de l'étreinte administrative et la conquête de nouveaux marchés pour les produits de l'industrie anglaise. Cependant, malgré toute ma rancœur pour la présence et la conduite des maîtres étrangers, je n'avais nul ressentiment à l'égard des Anglais comme individus. Au fond de moi-même j'admirais plutôt cette race. »

À l'humiliation répond l'expression de son mépris. « Entièrement loyaux envers Sa Majesté britannique, nous ne nous sentions pas dignes de dénouer la courroie de ses souliers (…) mais l'Anglais en Inde fréquente toujours le même petit clan (…) une classe qui sue singulièrement l'ennui et l'étroitesse d'esprit. Il ne tarde pas à succomber à une sorte de torpeur intellectuelle et culturelle. Au sortir de sa journée de bureau, il prend un peu d'exercice, puis va retrouver ses collègues, boire des whiskies et lire des illustrés de son pays (…). De cette détérioration progressive de l'esprit, il rend l'Inde responsable. »

Ce que stigmatise Hô Chi Minh qui, en tant que marxiste, combat l'impérialisme plus que la France, pays de Voltaire et de Montesquieu, c'est la rapacité des Français. Elle nourrit sa colère et son ressentiment.

« Pendant la conquête, les opérations militaires avaient chassé les paysans de leurs villages. À leur retour, ils trouvèrent leurs rizières entre les mains de concessionnaires qui étaient arrivés dans les fourgons des armées d'occupation et n'avaient pas hésité à se partager les terres que nos laboureurs travaillaient depuis des générations. Du coup, nos paysans devinrent des serfs réduits à travailler leurs propres rizières pour le compte des maîtres étrangers. […]

« Cette spoliation s'est effectuée pour des concessionnaires qui n'avaient qu'à dire un mot pour obtenir des superficies dépassant parfois 20 000 hectares. Puis, après avoir volé les terres fertiles, les requins français prélevèrent sur les mauvaises terres des dîmes cent fois plus scandaleuses que les dîmes féodales. Opprimés comme Annamites, expropriés comme paysans, volés de tous les côtés par l'administration, par l'Église, par les missions. La Sainte Mission apostolique possède à elle seule un neuvième des rizières du pays. »

Le discours du ressentiment, sans doute est-ce Frantz Fanon qui l'a énoncé avec le plus de force. Il parle de l'Algérie. « La ville du colon est une ville en dur, tout de pierre et de fer. C'est une ville illuminée, asphaltée où les poubelles regorgent de restes inconnus, pas même rêvés. Les pieds du colon ne sont jamais aperçus, sauf peut-être à la mer. Des pieds protégés par des chaussures solides, alors que les rues de leur ville sont lisses, sans trous ni cailloux.

« Le regard que le colonisé jette sur la ville du colon est un regard de luxure, un regard d'envie. Rêves de possession : s'asseoir à la table du colon, coucher dans le lit du colon, avec sa femme si possible. Le colon ne l'ignore pas. "Ils veulent prendre notre place." C'est vrai. Il n'y a pas un colonisé qui ne rêve au moins une fois par jour de s'installer à la place du colon. »

À cette envie, Frantz Fanon ajoute d'autres traits, à ses yeux, plus centraux.

« Pour le peuple colonisé, la valeur la plus essentielle parce que la plus concrète, c'est d'abord la terre. La terre qui doit assurer le pain et bien sûr la dignité.

« Cette dignité n'a rien à voir avec la dignité de la personne humaine.

« Cette personne humaine, idéale, il n'en a jamais entendu parler. Ce que le colonisé a vu sur son sol, c'est qu'on pouvait impunément l'arrêter, le frapper, l'affamer. Et aucun professeur de morale, jamais, aucun curé, jamais, n'est venu recevoir les coups à sa place, ni partager son pain avec lui.

« Pour le colonisé être moral, c'est très concrètement faire taire la morgue du colon, briser sa violence, l'expulser du panorama. »

La violence de ce texte, comparée aux termes du procès que Nehru et même Hô Chi Minh font au colonisateur, préfigure les drames qui vont suivre, tant le terrorisme et la guerre menée contre les Français que la rancœur et le ressentiment hérités de cette période. Ils ont sécrété une guerre civile qui, durant les années 1990, a fait près de 100 000 morts.

Au préalable, faisons cette simple observation qu'en France le traumatisme qu'a suscité une occupation étrangère de quatre années continue soixante ans après à troubler les citoyens. Or, en Algérie, les habitants d'origine ont été occupés pendant plus de cent vingt ans, tout en gardant le souvenir d'avoir déjà été occupés par l'étranger, les Roumi (Romains), « ancêtres » des Français. Voilà qui rend compte d'une fureur rentrée et toujours pas éteinte.

En outre, les Français et autres colons ont saisi des terres, comme en Annam et en Cochinchine, une spoliation qui a été beaucoup plus sensible que d'autres actions liées à la domination des étrangers, comme la présence d'une administration. On constate alors que le ressentiment des colonisés est d'autant plus vif qu'on leur a pris ou confisqué des terres. Et que les pays où les conflits ont été les plus violents sont liés à ce dessaisissement : l'Algérie, le Kenya, le Zimbabwe, l'Afrique du Sud et Israël, où la création de cet État est perçue par les Arabes de Palestine comme une conquête coloniale. Inversement, dans les colonies où il y a eu peu de saisies de terres – les possessions françaises d'Afrique occidentale – ce qu'on appelle la « décolonisation » s'est opéré en faisant moins de victimes humaines.

La deuxième donnée qui rend compte de la nature et du degré de ressentiment vis-à-vis du colonisateur est son rapport à l'identité des colonisés. Si les Anglais manifestent pendant longtemps mépris et indifférence distante à l'endroit des Hindous, ils demeurent à l'écart de leurs vies, hormis les concubinages avec les Indiennes, en lente voie de régression avec le temps par souci de carrière. Plutôt que soigner les Indiens en cas d'épidémie, ils forment des médecins et ne sont pas suspects de vouloir procéder à l'anglicisation des « indigènes ».

L'attitude des Français est différente. Si, par exemple, les Marocains louent Lyautey encore aujourd'hui, c'est parce qu'il a dit respecter les traditions du pays. De fait, c'est sa conception du protectorat qui s'affirmait de cette façon. Inversement, on lui reproche d'avoir contri-

*La bataille d'Alger ou le ressentiment
contre la violence colonialiste.*

Prod DB © Universal/D.R.

bué à perpétuer des institutions autoritaires. Il reste qu'il n'a pas cherché à attenter aux modes de gouvernement qui existaient dans le pays. Quand son successeur, le gouverneur Steeg, voulut soustraire une partie de la population à la charia – le Dahir berbère –, ce fut l'émeute.

Précisément, en Algérie, les Français n'ont pas su voir que l'islam existait sans cléricature et que la séparation entre religion et politique ne se posait pas pour la simple raison que l'allégeance à Dieu ne passe par l'entremise de personne. Ce que la loi musulmane avait régulé, la loi laïque le détruisait en partie. Le résultat était que la vie privée, la maisonnée, la femme, constituaient des « asiles » qui devaient demeurer inviolables, pour que soit sauvegardée l'identité de la famille. Dans ce contexte, la religion n'est donc pas une affaire de conscience, de foi, elle s'identifierait plutôt à certaines règles de vie. Il reste que, souvent déraciné et exclu du monde des Européens, sans grande chance de promotion sociale, sensible au racisme ordinaire (« Appelez les témoins, deux hommes et un Arabe »), l'« indigène » nourrit sans cesse son ressentiment de ces atteintes à sa dignité.

Un autre grief alimentait le ressentiment des colonisés, en Algérie notamment : les colonisateurs ne tenaient pas leurs promesses. Outre le fait que des troupes « indigènes » avaient attendu, mais en vain, qu'à l'issue de leur sacrifice chacun fût reconnu comme un citoyen à part entière, sur 233 000 hommes, seule une poignée bénéficia de cette reconnaissance. Surtout, les Algériens virent ensuite, entre 1947 et 1954, comment le statut de l'Algérie ne fut qu'une duperie institutionnelle qui écartait la population indigène des vraies responsabilités.

Il y avait deux collèges, l'un pour les Européens et ces quelques indigènes aux droits de citoyenneté reconnus, où les opérations électorales fonctionnaient normalement ; et un autre collège où les Européens disposaient d'autant de sièges que les indigènes huit fois plus nombreux dans le pays. Surtout, la falsification de ces élections s'ajoutait à cette parodie de démocratie : tables truquées, bourrage d'urnes et modification des résultats par les autorités étaient monnaie courante. On appelait cette mascarade « des élections à la Naegelen », le gouverneur socialiste à cette date.

Les colons européens faisaient pression sur les autorités pour perpétuer cette situation. Henri Borgeaud, un des hommes forts du monde parlementaire et lui-même gros colon, expliquait : « La cuisine politique algérienne est faite dans une marmite algérienne, par des cuisiniers algériens. Entendez, bien sûr, Européens d'Algérie. » « Des élections honnêtes, foutez-nous la paix, il n'y aura pas de problème politique si vous ne le créez pas », expliquait-on au directeur politique de François Mitterrand, Pierre Nicolai. D'où sourdait un certain ressentiment des Français d'Algérie contre l'ingérence des « métropolitains » dans leurs affaires. Quant aux « indigènes », s'ils ne connaissaient pas, explicitement, les propos tenus par ceux qui, de fait, tenaient les affaires algériennes entre leurs mains, ils savaient bien quelle était la pensée dominante à leur endroit.

Qu'à la suite de la droite la gauche au pouvoir en France laisse l'administration procéder au même trucage des élections, voilà qui exaspère les militants nationalistes, qu'ils soient modérés, derrière Fehrat Abbas, ou radicaux, derrière Messali. En outre, à la moindre occasion, ils sont traînés devant les juges au titre de l'article 80 qui porte sur l'atteinte à la souveraineté : la plupart des avocats sont d'origine métropolitaine, mais les juges sont des Européens d'Algérie.

Une République parjure, voilà qui dévalorise les principes sur lesquels elle prétend s'appuyer et conduit à une revalorisation de sa propre culture, où la parole donnée et le sens de l'honneur constituent les fondements de la morale.

Cela renforce les convictions nationalistes qui, durant les années 1950, s'alimentent à d'autres foyers : le monde arabe en plein essor à l'époque de Nasser, un retour de l'islam (sur lequel on reviendra), l'exemple des voisins, le Maroc et la Tunisie, qui secouent les chaînes du protectorat.

Le ressentiment contre le « colonialisme » est désormais de plus en plus vif. Sur place, pourtant, s'il vise les institutions, le régime, les gros colons qui l'incarnent, on constate qu'il concerne peu les personnes, même si, à chaque instant, l'indigène est blessé par l'expression du « racisme ordinaire ». Dans les fermes comme à la ville, une certaine fraternité de vie existe entre Européens et musulmans, malgré la double barrière qui les sépare : celle des responsabilités politiques et celle des relations sexuelles, un interdit dans chaque communauté. « Deux peuples qui se haïssent et qui s'adorent », écrivions-nous dans *Paris-Normandie*, en 1954.

Lorsque, après s'être entre-déchirés, les militants nationalistes subirent la loi du FLN, après 1954, il y eut peu d'attentats individuels contre les Européens portant la marque d'une vengeance personnelle. Les crimes étaient anonymes et le fait de commandos « venus d'ailleurs », une situation qu'on a retrouvée quarante ans plus tard quand, à nouveau, les Algériens se sont entretués. Au début de la guerre d'Algérie, quand le FLN n'avait pas encore d'emprise sur l'ensemble de la population – emprise établie par la terreur –, nombreux furent les cas où les indigènes ont prévenu les Européens du danger qui les menaçait.

Par-delà les opérations de guerre qui vont suivre, et leur dureté, cette absence de ressentiments personnels rend compte de l'accueil enthousiaste que reçut Chirac à Alger il y a quelques années. Il témoigne que le souvenir d'un passé, partagé, voire heureux, revenait en mémoire.

Pour leur part, les dirigeants algériens ont instrumentalisé le ressentiment qui avait tout emporté à l'heure de la guerre contre la France et qui est demeuré l'un des fondements de leur légitimité.

Quant aux Français d'Algérie, ils en voulaient à la métropole qui n'avait pas su les défendre. Surtout, ils se jugèrent trahis par de Gaulle à qui, le 13 mai 1958, ils avaient fait confiance. « On ne sera jamais assez antigaullistes », disaient ceux qui percevaient le sens des petits pas qu'il faisait dans la direction contraire à celle que souhaitaient les Français d'Algérie. Sans doute, dans son esprit, si l'indépendance pouvait être au bout de son cheminement, et s'il n'était pas question, vu l'état de l'insurrection, de revenir à « l'Algérie de papa », il n'imaginait pas qu'elle aurait pour effet le départ de tous les Français, cet exode qu'ils ne lui ont jamais pardonné.

Il y eut pourtant, en métropole comme en Algérie, des Français, après l'indépendance, qui crurent à la possibilité d'une politique de coopération avec les nouveaux dirigeants. D'aucuns s'étaient montrés solidaires de la cause algérienne, avaient stigmatisé la torture, « avec plus de compassion pour ses victimes que pour celles du terrorisme », jugeaient Soustelle et Albert Camus. Ces coopérants avaient en tête de se comporter avec les Algériens indépendants comme auraient dû le faire les dirigeants français du temps des trois départements. Bien qu'ils ne fussent pas suspects du moindre esprit colonialiste, ils déchantèrent bientôt, dès que ce ne fut plus les dirigeants formés aux principes des démocraties, tels Benkedda, Fehrat Abbas ou Aït Ahmed qui furent aux commandes, mais Ben Bella, et surtout Boumediene qui, s'appuyant sur l'année et la société traditionnelle, entendait promouvoir l'islam et défranciser le pays pour mieux l'arabiser.

Au ressentiment de ces Français déçus par ce tournant du régime algérien se trouvèrent bientôt associées les femmes algériennes qui avaient pu croire que l'indépendance leur apporterait la liberté.

Au temps de l'Algérie française, les familles musulmanes résistaient à l'européanisation au nom de la défense de leur identité. C'est souvent le respect des traditions qui compte, la religion étant moins une affaire de conscience qu'une identification à certaines règles de vie. La famille étant la « forteresse » que n'a pas pénétrée la colonisation, on se garde d'envoyer les filles dans les établissements scolaires européens : au lycée Stéphane-Gsell d'Oran, par exemple, entre 1948 et 1956, on comptait sur les doigts des deux mains les jeunes filles que leurs parents autorisaient à poursuivre leurs études jusqu'au baccalauréat.

Lors des luttes pour la libération, le FLN avait tenu un discours sur l'avenir de la femme et son émancipation une fois acquise l'indépendance de l'Algérie. Nombre d'entre elles participèrent à la lutte armée, essentiellement par patriotisme, également parce qu'elles avaient foi en cette promesse d'émancipation.

Mais les changements survenus à la tête de l'État, entre 1961 et 1965, tout comme un mouvement venu des profondeurs, ont mis fin à cette espérance.

Une des toutes premières, dans *Les Femmes du mont Chenoua*, Assia Djebar, a su exprimer avec force ses désillusions, son ressentiment, sa colère contre ce retour à la relégation et ces promesses non tenues. Durant les années 1970, les femmes ont protesté, manifesté : elles ont été durement réprimées. En 1984, les dirigeants algériens ont donné un gage aux islamistes en adoptant un code du statut personnel calqué sur la charia.

La reviviscence du ressentiment par l'islam

Le ressentiment que les indigènes d'Algérie manifestaient contre le colonisateur retrouvait, avec des accents voisins, celui des colonisés de l'Inde, de l'Indonésie, du Vietnam.

Pourtant, dans les mondes de l'islam, il s'enracinait à une humiliation plus profonde qu'ailleurs, parce que autrefois ceux-ci avaient dominé ceux qui, depuis, les avaient colonisés. « Comment avons-nous pu devenir les esclaves de ceux qui avaient été nos esclaves ? » Telle est l'interrogation que se posent ceux qui savent qu'en 1830 il y avait des esclaves chrétiens à Alger et, en 1880, des esclaves caucasiens au Caire.

Plus globalement, les musulmans ont gardé en mémoire le temps où les empires hérités de la conquête arabe avaient dominé le monde de l'Occident ou de l'Orient, qu'il s'agisse des Ottomans, présents du Maroc à la Crimée, des Persans Séfévides, de la mer Caspienne à l'Indus, des Moghols, du Cachemire au golfe du Bengale.

Or, successivement, l'Empire moghol a disparu au XVIIIe siècle, l'Empire persan s'est vu imposer des « zones d'influence » russe et anglaise en 1907, et l'Empire ottoman a été vaincu en 1918, puis détruit après avoir été dépecé par les Européens ou avoir vu ses minorités chrétiennes devenir indépendantes (Grèce, Bulgarie, etc.).

Cette fin de l'Empire ottoman a été accompagnée par la suppression du Califat, représenté alors par le Sultan, et qui incarnait la succession de Mahomet et l'unité de l'islam (sauf pour les chiites). Cette suppression a été le fait de Kemal Atatürk qui voulait moderniser le monde turc en y introduisant la laïcité, sans être pour autant antireligieux. Cette action n'en parut pas moins sacrilège et, contre cette modernité, fut fondée au Caire, en 1928, la confrérie des Frères musulmans.

On peut observer d'ailleurs, après coup, que les réactions les plus vives contre l'humiliation que fut la colonisation, ou la subversion de la modernité, émanent d'individus ou de groupes issus des territoires les moins « contaminés » par l'expansion européenne : l'Égypte d'abord, l'Iran de Khomeyni, en 1979, l'Afghanistan et ses confins patchouns, le Yémen et la péninsule arabique où était apparu dès le XVIIIe siècle le wahhabisme, un mouvement fondamentaliste qui préconise le retour à la charia.

Lorsqu'en 2001 Ben Laden a rendu compte de son action au lendemain de l'attaque de New York, il a évoqué « quatre-vingts années d'humiliation des peuples musulmans », allusion précise à la suppression du Califat par Atatürk. Mais il faisait silence sur la naissance des États arabes qui lui était contemporaine, parce que les États-nations – cette « invention de l'Occident » – constituent un facteur de division de l'islam. Cela rend compte également de l'hostilité que leur ont portée les Frères musulmans. Cette donnée rend compte aussi du fait que, soutenant les Palestiniens contre Israël, Ben Laden n'a jamais apporté son appui à Arafat, qui divisait encore plus l'Orient arabo-musulman en voulant créer un nouvel État ; au reste, Arafat incarnait une certaine forme de laïcité, pas une fois il n'invoqua l'islam lors de son intronisation à l'ONU en 1974.

Une cause majeure et fondatrice du ressentiment des mondes de l'islam, et plus précisément de l'islam arabe a bien été la défaite, en 1948, contre Israël, de la coalition entre l'Égypte, la Jordanie, la Syrie, l'Irak et le Liban, par les forces naissantes de cet État lilliputien qui n'avait même pas encore d'armée organisée.

Le désespoir né de cette humiliation fut plus important que toutes les pertes matérielles. Il fut à l'origine de l'engagement de Nasser, à qui les Israéliens rendirent les hommages militaires après cette défaite de Fallouga, mais qui comprit que « sa patrie était une autre Fallouga » et qu'il fallait la régénérer. Son ressentiment personnel contre le régime de Farouk rejoignait celui des Égyptiens et des autres États arabes vaincus. Après que la colère des Arabes se fut dirigée contre les Anglais et les Français lors de la crise de Suez en 1956, l'islam arabe compta sur les Américains qui avaient imposé à leurs alliés de mettre fin à l'expédition contre Nasser. Mais devant la montée en puissance de la République arabe unie, les États-Unis jugèrent qu'Israël serait leur meilleur point d'appui au Moyen-Orient, et ils s'y sont tenus.

Il n'en reste pas moins que depuis, vu le lourd ressentiment qu'elle porte en elle, la lutte contre Israël est plus à même de mobiliser les masses musulmanes que les conflits de Tchétchénie ou d'Afghanistan ; en outre, par son identification à une guerre anticolonialiste, elle permet d'associer à l'islam et aux Palestiniens des éléments de l'ultragauche ou assimilés, qu'ils se soient convertis, tels Carlos ou Garaudy, ou non.

Stratégiquement, le front anti-israélien a un pouvoir fédérateur d'autant plus grand que, pour l'islamisme, il joint l'ennemi proche, et les États-Unis, « l'ennemi lointain ».

Le refus intransigeant d'une partie des Palestiniens de reconnaître Israël, et celui des Israéliens de mettre fin à l'annexion et à la colonisation des territoires conquis en 1967, voilà ce qui réactive le conflit et nourrit plus, s'il en était besoin, le ressentiment réciproque des protagonistes.

Une illustration parue dans le journal pour enfants *Al-Da'Wa* en 1978 et reproduite dans notre *Choc de l'Islam*, résume tous les griefs de l'islam militant. Un énorme doigt pointe le grand coupable parmi les ennemis de l'islam, Theodor Herzl, l'un des fondateurs du sionisme. Ceux qui, hier et aujourd'hui, l'ont soutenu sont représentés sur de petites vignettes. On reconnaît Assad, le leader syrien du parti Baas, laïc ; Brejnev, incarnation de l'athéisme communiste ; Begin, alors Premier ministre d'Israël ; Nasser, coupable de renforcer l'État-nation ; l'étoile de David, la statue de la Liberté, la faucille et le marteau, enfin Kemal Atatürk, héraut de la laïcité en pays d'islam.

Mais tout cela ne rend pas compte d'une autre frustration, source de ressentiment : l'échec de ces États-

189

nations à se moderniser sur le plan économique, ce que devait permettre l'accession à l'indépendance. S'il est vrai que cette promesse s'est télescopée avec l'accélération de la mondialisation, les dysfonctionnements et les rivalités politiques internes ont compromis l'essor de ces pays.

Ce ne sont pas les richesses, en pétrole notamment, qui manquaient à l'Iran du shah ni à l'Algérie de Boumediene. La brutalité des mesures prises par l'État pour équiper le pays d'un côté, la concussion et la corruption de l'autre ont privé les populations des dividendes de cette manne, les rejetant vers l'islam extrême, qu'il soit chiite ou sunnite. L'ingérence américaine a d'ailleurs joué un rôle de détonateur en Iran chiite comme dans l'opposition en Arabie Saoudite sunnite. D'autres pays, moins dotés, mais qui disposent néanmoins d'une riche tradition agricole et culturelle, sont atteints par le même phénomène : l'Égypte, où les Frères musulmans ont conquis bien des rouages de l'État ; et le Maroc, où la fracture sociale perpétue celle des temps de colonisation ; et les pratiques de pouvoir, sinon sa légitimité, sont contestées.

Le mécontentement qui sourd des désillusions de l'indépendance, et d'une démocratisation des mœurs souvent imposée d'en haut, fait de l'islamisme l'alternative privilégiée à la version laïcisée de l'islam souhaitée par une bonne partie de la population mais qui n'est pas nécessairement la plus militante.

Le ressentiment contre les effets pervers de la mondialisation et la conviction que ce sont les États-Unis qui commandent le mouvement ajoutent à la paralysie de la mutation moderniste qu'attendait la population à l'heure des indépendances. Observer que les pays de l'Extrême-Orient asiatique, autrefois colonisés eux aussi, ont su se greffer sur le monde en devenir, et non se crisper sur un refus, voilà qui met en cause le dogme et la loi de l'islam. Sa responsabilité ne peut que creuser le schisme à l'intérieur de ses sociétés si variées. Le choc des civilisations ne se situe-t-il pas en son sein autant que dans ses rapports aux autres ?

Communautarisme et révolution

Dans les pays du Maghreb, en Algérie surtout, l'héritage colonial, les désillusions de l'indépendance, la guerre civile la plus cruelle, ont eu pour effet de perpétuer le flot d'émigration vers la France de populations entières. Le total de ces Maghrébins a été évalué entre trois et cinq millions, selon que l'on compte ou non ceux qui ont été naturalisés, les immigrés temporaires, etc.

Nous avons dit « maghrébins » et non pas « musulmans », car on ne voit pas à quel titre on islamiserait une population dont les statistiques montrent qu'elle fréquente moins les mosquées en France que les catholiques les églises.

Or, on y reviendra plus loin, chaque fois que se pose un problème avec ces immigrés, c'est un ministre de l'Intérieur qui est appelé à le régler, et il s'adresse à des représentants de l'islam…

« Je m'attendais à ce que ce fût la gauche qui me nomme secrétaire d'État, et, à ma grande surprise, ce fut la droite. »

En tenant ces propos lorsque Jean-Pierre Raffarin la fait participer à son gouvernement, en 2004, Tokia

Saifi levait une sorte de tabou, mettant en lumière ce fait que, depuis 1981, aucun des gouvernements dirigés par des socialistes n'avait appelé un immigré du Maghreb à une haute fonction à la direction de l'État.

Que les immigrés d'Afrique du Nord, de religion musulmane, en aient éprouvé quelque amertume se comprend aisément. D'autant plus que la gauche française – pas seulement les socialistes – n'a cessé d'affirmer son antiracisme et de participer aux combats de SOS-Racisme.

Mais cette gauche « ne les a jamais fait entrer dans sa maison ».

En outre, au regard de son discours, révolutionnaire, elle a toujours regardé avec faveur les plus extrêmes d'entre eux.

Le trait n'est pas nouveau.

Dès avant la guerre d'Algérie, à une époque où la gauche de la gauche était incarnée par les communistes, ceux-ci préféraient traiter avec Messali Hadj, qui était, certes, indépendantiste et nationaliste, mais qui faisait la part belle à l'islam, plutôt qu'avec Fehrat Abbas, un musulman laïc représentant la bourgeoisie, « une classe sans avenir ». Après l'indépendance, pour l'ultra-gauche, désormais trotskiste, tout valait mieux en métropole que l'État-nation républicain. Autour de 1968, les trotskistes ont à nouveau foi en la révolution mondiale et prennent fait et cause pour ceux qui pourraient assurer son avenir : Fidel Castro, Yasser Arafat, Boumediene. Bientôt les maoïstes rejoignent ce mouvement.

Tous n'avaient qu'ignorance ou mépris pour ces immigrés qui voulaient devenir français. D'aucuns étaient considérés comme des traîtres pour n'avoir pas lutté en faveur de l'indépendance de leur pays. Ces combats-là pour l'indépendance affaiblissaient le monde impérialiste et bourgeois, or tout ce qui allait dans le sens de la révolution était moral, disait déjà Lénine, tout ce qui allait contre était immoral.

Durant les années 1970 – l'époque de Pompidou et de Giscard d'Estaing –, l'ultragauche comprend que la révolution mondiale ne s'accomplit pas, car la « bourgeoisie », c'est-à-dire pour elle l'État, reprend les rênes du pouvoir. Du coup, les trotskistes, lambertistes en tête, des maoïstes aussi, se convertissent et se dissolvent pour faire « de l'entrisme[23] » dans les partis politiques, les syndicats et l'appareil d'État, la presse aussi bien. L'écologie sert à beaucoup de structure de recours.

C'est au Parti socialiste qu'ils sont les plus nombreux : au Congrès de la gauche socialiste de 1994, témoigne Gérard Filoche, sur 500 délégués, il y avait 180 anciens de la Ligue communiste, dix anciens lambertistes et trois anciens de Lutte ouvrière.

Dans ce contexte, survivance de leur passé refoulé, ils ne sauraient penser appeler à côté d'eux des « beurs » qui avaient voulu faire confiance à l'État républicain.

Ceux-ci, victimes du racisme ordinaire, exprimant leur colère en français, à la différence de leurs anciens, s'aperçoivent que « la cité n'est pas le lieu de leur citoyenneté mais celui de son déni[24] ». Leurs pères, en Algérie, disaient à la gauche française : « Vous prétendez être nos frères, nous voudrions être vos beaux-frères. » En métropole, les « beurs » le sont bien devenus, comme

---

23. Apparu en 1955, le courant dit « lambertiste » s'est spécialisé dans la conquête des appareils politiques et syndicaux puis les médias par l'entrisme, c'est-à-dire l'adhésion sans afficher ses couleurs.
24. Gilles Kepel.

en témoigne le nombre croissant de mariages mixtes, mais, politiquement, ils demeurent des exclus.

Alors, pour manifester leur bienveillance, appliquant à la politique le principe de précaution tant l'islamisme rapproche ses foudres du cœur de l'Europe, nos dirigeants – de droite ou de gauche – islamisent les Maghrébins. Ils font des organisations musulmanes leurs « interlocuteurs valables » les consolident, comme au temps de la guerre d'Algérie, quand ils en cherchaient parmi les organisations nationalistes. Ou bien comme au temps de la Révolution et de Napoléon, où l'on organisait les cultes pour mieux en contrôler les serviteurs.

À ceci près que ces mêmes dirigeants ne se sont pas rendu compte qu'à côté des noyaux durs les Maghrébins de deuxième et troisième génération étaient de moins en moins pratiquants. Et que la défense de leurs droits identitaires demeure une sauvegarde, celle qui leur reste quand ils n'en ont pas d'autres.

Par conséquent, jugent certains, ne pas les respecter – par exemple, s'agissant du port du voile –, c'est ne pas respecter le droit à la différence. Et de mener l'assaut contre l'intégration, perçue comme une survivance colonialiste. Alors que, aux temps des colonies, les indigènes reprochaient précisément à la métropole et aux colons de ne pas faire d'eux des citoyens à part entière.

De sorte que l'antiracisme est devenu une défense du droit de se différencier.

Pour autant que les immigrés sont des victimes, la nébuleuse des organisations de l'extrême gauche peut juger que stimuler leur conscience d'appartenir à une communauté pourrait prendre la relève de ce qu'était, pour la classe ouvrière, la conscience de classe.

Et ces immigrés auraient ainsi un rôle révolutionnaire.

Les communistes ont éprouvé un grand désarroi quand, successivement, la classe ouvrière les a en partie quittés, en même temps que ses effectifs d'origine métropolitaine diminuaient ; puis la faillite de l'URSS a eu pour effet dévastateur de saper tous les fondements de l'idéologie révolutionnaire : contrôle de l'économie par l'État, colonisation des institutions sociales par les partis, etc. Surtout, l'URSS avait perdu la fonction de « forteresse » que, bien que dévoyée, elle continuait à jouer, limitant les possibilités de la bourgeoisie libérale d'ignorer les exigences populaires, ce qui garantissait l'extension de l'État-providence.

Sans limites, tel est bien le ressentiment des militants révolutionnaires contre le régime soviétique et ses héritiers qui « ont trahi la révolution mondiale à l'époque de Staline, puis ont abandonné les travailleurs du monde entier à leur destin ». En plus, leur haine redouble à l'encontre de Poutine qui restaure l'économie libérale, ajoutant à l'humiliation de ceux qui n'avaient foi qu'en l'économie dirigée. Au moins peuvent-ils, en bonne conscience, condamner la politique russe en Tchétchénie, les Tchétchènes étant, comme autrefois les Algériens, des victimes d'un nouvel impérialisme.

Et, de la même façon qu'en 1954-1960, on garde les yeux mi-clos devant les excès du terrorisme, puisque les terroristes sont des victimes des combattants.

De sorte qu'aujourd'hui, en France, dans l'esprit de l'ultragauche, le communautarisme ethnique pourrait exercer la fonction qu'assurait autrefois, pour le Parti communiste, l'existence d'un prolétariat, cette contre-société. Prenant sa relève, le communautarisme ethnique jouerait le rôle de levier révolutionnaire à deux conditions :

— que l'immigration s'amplifie, ce qui attesterait que l'antiracisme s'est converti en « immigrationnisme »,

— que ce communautarisme soit plus ou moins associé à l'islamisme, ennemi effectif et efficace de l'impérialisme.

Lors de la révolution islamique de 1979, Michel Foucault avait connu cette tentation en en saluant la pureté. D'autres, depuis, invoquent le modèle américain pour légitimer ce communautarisme, d'où pourraient sourdre une forme de multiculturalisme. C'est oublier qu'aux États-Unis le communautarisme est patriotique : chaque groupe veut être plus américain que les autres, alors qu'en France les communautés islamistes se comportent comme des étrangers dans la cité.

Il est sûr qu'en France l'instrumentalisation du communautarisme à des fins révolutionnaires repose sur une illusion. Même si les leaders islamistes soumettent d'abord leur propre communauté (et la politique française les y a bien aidés), avant qu'ils ne parviennent à imposer leur loi au reste de la société non musulmane – dans les écoles, les hôpitaux, etc. –, gageons que la majorité des Maghrébins – une différence d'avec la situation d'il y a vingt ans où elle était moins intégrée – aura adopté les règles de la laïcité, pourvu qu'elles soient appliquées loyalement, plus qu'à retourner à la charia ou à participer à des aventures révolutionnaires.

Ces deux ressentiments qui ont fait chambre commune, vont-ils faire chambre à part ?

Conclusion

Dans *L'Histoire anonyme*, j'ai tenté d'identifier le spectre des comportements de simples individus, comme vous et moi, face à une crise économique, une guerre ou une révolution.

Le ressentiment dont j'ai analysé ici quelques-unes des manifestations dans l'Histoire, qu'il soit individuel ou collectif, naît d'une humiliation, ou d'un traumatisme, qui peut être occasionné par l'extraction sociale, par la faiblesse physique aussi bien – Gandhi nous avoue combien la vigueur des Anglais suscitait l'admiration et l'envie des Indiens –, d'une manière générale par un complexe d'infériorité.

Des circonstances exceptionnelles peuvent cristalliser le ressentiment, jouer le rôle de détonateur, mais elles ne sont pas nécessaires pour que l'homme du ressentiment laisse percevoir sa souffrance.

Dans ses *Carnets du sous-sol*, Dostoïevski l'a admirablement décrite. Un siècle plus tard, Albert Camus, adolescent, petit Blanc, tout petit Blanc, en bas de l'échelle sociale, avec un oncle handicapé, une mère quasi illettrée, lui-même pupille de la nation, ne peut pas ne pas ressentir ces humiliations avant de devenir l'homme révolté. Il est presque au niveau des Arabes. Il milite d'ailleurs, devenu communiste, pour la reconnaissance de leurs droits.

Son cas nous donne un exemple, comme celui de plusieurs révolutionnaires tant de 1789 que de 1917, des liens qui peuvent s'être noués entre le ressentiment d'un individu et celui d'une collectivité. Comment l'un peut en venir à représenter et exprimer l'autre.

Intériorisée, la souffrance de ces hommes et de ces femmes les ronge tel un cancer. Le ressentiment qu'elle peut sécréter est le précurseur de la révolte. Ressentiment, ré-volte, ré-volution, ce retour d'une blessure du passé le rend plus présent que le présent. Il fausse le rapport de l'Histoire au temps, ce problème qu'a étudié François Hartog.

Les formes de ces ré-actions présentent des traits que l'analyse des sociétés permet d'identifier.

En premier lieu, le ressentiment n'est pas nécessairement associé à une revendication précise. Certes, celle-ci peut être sa compagne de route, mais les exemples de 1789 et de 1917 montrent que sa satisfaction n'apaise guère le ressentiment. C'est que la longue impuissance de ceux qui se sont sentis victimes d'humiliations a rechargé leur agressivité. En 2001, le ressentiment qu'exprime Al-Quaida à l'encontre du monde occidental ne s'accompagne d'aucune demande, comme pour priver ses adversaires de toute intelligibilité des actions que ses réseaux peuvent commettre.

Là réside l'une des différences entre les actions de cette nébuleuse islamiste et celles des mouvements palestiniens terroristes dont les objectifs sont parfaitement délimités : rien d'autre que la fin de l'État d'Israël.

Dans l'Histoire, le ressentiment a été la *matrice* des idéologies contestataires, de gauche comme de droite. Les frustrations qui le suscitent, tant les promesses non tenues que les désillusions ou les blessures infligées, provoquent une colère impuissante qui lui donne consistance. La souffrance d'être pauvre, exclu, tout comme la peur de le devenir ont alimenté nombre de mouvements sociaux dont le signe n'était pas fixé à l'avance.

« Oui, il faut que l'on sache bien que les mutilés ne se considèrent pas comme des parias », écrit Maurice Leblanc au lendemain de la Grande Guerre. « Comment ? Ceux qui se sont servis de leurs jambes pour courir à l'attaque, une fois amputés seraient distancés par ceux qui se seraient chauffés les deux pattes sur les chenets d'un bureau ? Place à nous ! cette place, nous saurons la prendre. »

Or, tous, amputés ou non, connurent l'amertume d'une reconversion difficile. Habiles à les flatter, les gouvernements n'assuraient pas aux anciens combattants les droits qu'ils avaient sur la nation. Faute d'avoir organisé leur retour à la vie civile, ils les condamnaient au chômage. Le discours des dirigeants rendait encore plus odieux leur désintérêt pour tous ces malheureux. Les anciennes blessures, à peine cicatrisées, se rouvrirent : le ressentiment contre les embusqués, le souvenir amer des permissions, de l'inconduite réelle ou supposée des femmes, soudèrent les anciens combattants contre l'arrière. Mais ces protestataires inscrits au chômage qui défilaient au pas à travers Londres en 1919, béret sur la tête, allaient-ils grossir plus tard le camp du Parti travailliste ou renforcer les troupes fascistes de Mosley ?

Quoi qu'il en fût, une chose était sûre, ils vouaient aux gémonies ceux qui répétaient que les anciens combattants avaient été les dupes du grand capital et des marchands de canons, qui les auraient agités comme de simples marionnettes. Ce dénigrement ajoutait à leur humiliation et les poussait à resserrer les rangs, à légitimer leur sacrifice, à partager des idées nationalistes.

Si les liens qui peuvent se nouer entre un ressentiment individuel et celui d'une collectivité constituent bien l'un des traits que cette enquête a révélés, de même que l'ambivalence du signe de la révolte que le ressentiment peut sécréter, une autre constatation s'impose, qui ne figurait pas parmi nos hypothèses de départ : *la réciprocité des ressentiments*.

Le ressentiment n'est pas l'apanage de ceux qu'à l'origine nous avions identifiés comme les victimes : esclaves, classes opprimées, peuples vaincus, etc. L'enquête découvre que, simultanément ou en alternance, le ressentiment peut frapper, inhiber, non pas une seule des parties en cause, mais les deux. Le cas d'une réaction qui suit une révolution va de soi, mais les cheminements de ce type sont multiples et variés.

Comment, dès les débuts du christianisme, l'Église persécutée, une fois que l'État l'institue, devient-elle persécutrice, notamment contre les hérétiques. Comment, à l'autre extrémité de l'Histoire, au ressentiment des nazis contre les juifs, censés empêcher l'Allemagne d'accomplir son destin, et qui les pousse au génocide, répond le ressentiment des survivants. Il est des Allemands après guerre qui « pardonnent » aux juifs leurs forfaits imaginaires, et qui ressuscitent chez certains, tel Jean Amery, le ressentiment auquel il avait voulu mettre un terme.

Cette réciprocité, synchrone ou alternée, il est des conservatoires qui en assurent la pérennité. On doit à Pierre Nora d'avoir identifié ces lieux de mémoire, qu'il s'agisse de l'École ou de l'Église, de la commémoration ou de la célébration. Mais les fêtes perpétuent innocemment le ressentiment, qu'il s'agisse de *Christianos i Moros* dans le Levante espagnol, de la Passion revécue chaque année à Oberammergau ou de celle que troublent les diables juifs à San Fratello en Sicile.

Il va sans dire que certaines interprétations de l'Histoire, dont on a donné des exemples, font perdurer les ressentiments. Il n'en reste pas moins que la communauté des historiens, grâce aux colloques qu'elle multiplie, contribue malgré tout à désamorcer bien des griefs : entre Turcs et Arméniens, entre les Chiliens et leurs voisins, et, hier, entre Français et Allemands. Elle a su faire preuve de vertus thérapeutiques, pour autant qu'elle n'est pas associée à la politique des États.

Les rapports entre catholiques et protestants, même apaisés, attestent de la permanence et de la réciprocité des ressentiments. En témoignent encore aujourd'hui les appellations convenues de « papistes » et de « parpaillots ».

Toutefois, cette réciprocité n'est pas une constante. Que l'on pense au ressentiment de la paysannerie humiliée, étudiée naguère par Jacques Le Goff. Il a remarqué qu'en Occident le paysan est l'oublié de la littérature pendant près de huit siècles. Par son héritage gréco-romain, en effet, la société du haut Moyen Âge s'enorgueillissait de l'oisiveté dans un monde qui vivait du travail des esclaves. Quant à l'héritage judéo-chrétien, il mettait l'accent sur la primauté de la vie contemplative. Selon la règle de saint Benoît, le travail manuel est une forme de pénitence. Il faut attendre le XIIIe siècle pour que l'Église canonise un paysan. Ces « rustici » sont des ivrognes, des malades, des luxurieux. Ont-ils seulement un nom ? Repoussoirs, ils relèvent d'un héritage trop lourd dont ils conservent les stigmates lorsqu'ils deviennent libres, « vilains », toujours dangereux et illettrés.

Avec le temps, le paysan intériorise-t-il les traits dont on l'a affublé ? Son ressentiment s'en nourrit, lui-même dissimule la violence dont la société le soupçonne. À moins qu'il ne la revendique et qu'elle explose.

Ces cas témoignent de la nécessité d'une approche longue de l'histoire sociale ou politique. Ils rappellent combien Fernand Braudel avait raison de contester le découpage du passé en tranches chronologiques. Tout horizontales, elles ne permettent pas de rendre compte de l'épaisseur et de la profondeur des problèmes.

Incriminer les autres en se valorisant constitue l'un des traits caractéristiques du ressentiment. Le statut de ceux qui se jugent victimes est immérité, or les autres en sont l'origine. Leur domination, leur force sont illégitimes tant sont évidentes leur duplicité et leur immoralité. Qu'il s'agisse des vainqueurs de 1918 qui n'appliquent qu'à leur avantage le principe du droit des peuples à disposer d'eux-mêmes. Qu'il s'agisse de la France qui prône en 1830 l'indépendance de la Belgique ou de la Grèce tout en se saisissant de l'Algérie. Qu'il s'agisse, aujourd'hui, de la défense des libertés, celle de Rushdie, par exemple, que les mollahs stigmatisent, qui n'empêche pas l'Occident de conclure de nouveaux traités commerciaux avec l'Iran entre-temps. Ces hypocrisies retirent toute légitimité à ces États-nations à brandir leurs drapeaux et à prétendre défendre les droits de l'homme.

En retour, les peuples du ressentiment valorisent leur propre identité. Qu'il s'agisse des chrétiens qui, à l'origine, substituent une morale de la bonté et de la charité à une religion du rituel. Ils défendent également une existence pure de tous les excès de la chair et stigmatisent, comme les intégristes musulmans aujourd'hui, la décadence des mœurs et l'excès de jouissances. Qu'il s'agisse des juifs aussi, longtemps victimes de la ségrégation qu'ils ressentent comme une injustice, alors qu'ils valorisent leur propre passé. Ils se félicitent d'avoir su en sauvegarder les croyances et la culture malgré vingt siècles de persécutions. De ce calvaire, et de leur ressentiment, a surgi le projet sioniste de la re-création d'une nation en Terre sainte.

Chez les Noirs d'Amérique, descendants d'esclaves, le ressentiment a sécrété, outre la révolte, la conviction rédemptrice que « *Black is beautiful* ». Et que les civilisations africaines ont contribué tout autant que les autres au patrimoine de l'humanité.

La *revendication identitaire* se trouve ainsi constituer une des figures que prend le ressentiment quand les utopies égalitaires ont fait faillite. Mais disparaîtrait-il dès qu'une identité forte s'affirmerait ? Le dernier siècle n'en a pas fourni la preuve.

Cela signifierait-il que le cycle des ressentiments ne prend jamais fin ? Qu'on ne peut jamais s'en désassujettir ?

À condition que le mouvement soit réciproque, l'Histoire enseignerait plutôt qu'il peut s'affadir et ne plus s'exprimer dans des accès de fureur insensé. En tous les cas, les formes de la démocratie politique, à la fois directe et représentative, participative aussi bien, telles qu'elles existent en Europe du Nord, atténuent la violence des mouvements collectifs si elles ne déracinent pas les ressentiments individuels. Les pratiques de la justice peuvent y contribuer, à ceci près qu'elles détournent les griefs des parties en cause pour leur imposer ses propres habits, déguisant ainsi les frustrations en quelque sorte.

La volonté de gommer ces soubresauts et ces excès a su pourtant remporter quelques magnifiques victoires. En Afrique du Sud, la magnanimité des parties en cause, grâce à l'intercession de l'Église et des ligues de femmes, a permis de geler des griefs tricentenaires, de maîtriser les ressentiments. Cet exemple a été plus ou moins suivi ailleurs, au Pérou notamment, où des commissions de « paix et réconciliation » ont mis un terme, semble-t-il, aux excès commis par les parties adverses en faisant appel à des institutions tierces, des ONG entre autres.

Il est sûr, néanmoins, que d'une part les désillusions qui ont pris la relève des grandes espérances soulevées par l'idée de progrès, dont les promesses n'ont pas été tenues, comme d'autre part le resserrement des carcans qu'imposent les développements de la mondialisation ne peuvent que multiplier les foyers de ressentiment, l'expérience du siècle passé l'a bien montré.

À moins de voir se propager les sursauts magnanimes, les lendemains ne chanteront pas.

Ouvrages consultés

Les chiffres entre parenthèses renvoient aux différents chapitres : (1), (2), (3), (4). Le chiffre (0) renvoie à l'Ouverture. Paris, lieu d'édition, est systématiquement omis.

AGULHON Maurice, *Les Quarante-Huitard*, Archives Gallimard, 1975. (2)

Allemagne nazie et le génocide juif, sous la direction de François Furet et Raymond Aron, Hautes Études-Gallimard-Seuil, 1983. (2)

AMERY Jean, *Par-delà le crime et le châtiment*, Babel, 1995. (1)

« Ancien régime et révolution : interprétation », présentation de François Furet, les articles de Le Roy Ladurie, Bien, Vovelle, Andrews, *Annales, ESC*, 1, p. 1-139, 1974. (2)

ANDERS Wladyslaw, général, *Mémoires (1939-1946)*, La Jeune Parque, 1948. (3)

ANGENOT Marc, *Les Idéologies du ressentiment*, XYZ, Montréal, 1996. (0)

Archives clandestines du ghetto de Varsovie, Emmanuel Ringel-Fayard-BDIC, 2 vol. (2)

BACHARAN Nicole, *Histoire des Noirs américains au XXᵉ siècle*, Complexe, 1994. (4)

BALDWIN James *et al.*, *The Negro Protest*, Boston, 1963. (4)

BASLEZ Marie-Françoise, *Les Persécutions dans l'Antiquité, victimes, héros, martyrs*, Fayard, 2007. (1)

BEAUVOIS Daniel, *Histoire de la Pologne*, Hatier, 1995. (3)

BENJAMIN Walter, « Thèses sur le concept d'histoire, 1939 », *in Les Temps modernes*, t. 2, n° 25, oct. 1947, p. 623-634. (0)

BENSOUSSAN Georges, *Une histoire intellectuelle et politique du sionisme, 1860-1940*, Fayard. (1)

BÉRANGER Jean, *Histoire de l'Empire des Habsbourg*, Fayard, 1990. (3)

BERCÉ Yves-Marie, *Croquants et Nu-Pieds*, Archives, 1974. (2)

BESANÇON Alain, « Dostoievski », *in Personnages et caractères*, sous la direction d'E. Le Roy Ladurie, PUF, 2004. (2)

BLANCHARD P., BANCEL N., LEMAIRE S., *La Fracture coloniale, la société française au prisme de l'héritage colonial*, La Découverte, 2005. (4)

BLUCHE Frédéric et RIALS Stéphane, *Les Révolutions françaises*, Fayard (notamment les articles de Bluche, Rials, Antonetti), 1989. (2)

BOUREAU Alain, « L'inceste de Judas, essai sur la genèse de la haine antisémite au XIIe siècle », *Penser, rêver, Revue de psychanalyse*, 7. *Retours sur la question juive*, printemps 2005. (1)

BROWN Peter, *Pouvoir et persuasion dans l'Antiquité tardive : vers un Empire chrétien*, Seuil, 1998. (1)

BURGAT François, *L'Islamisme en face*, La Découverte, 2002. (4)

BURRIN Philippe, *Hitler et les Juifs, Genèse d'un génocide*, Seuil, 1989. (2)

BURRIN Philippe, *Ressentiment et apocalypse. Essai sur l'antisémitisme nazi*, Seuil, 2004. (2)

CAMARA Laye, *Le Maître de la parole*, Plon, 1978. (4)

CARRÈRE D'ENCAUSSE Hélène, *Le Grand Frère*, Flammarion, 1982. (2)

CHARTIER Roger, *Les Origines culturelles de la Révolution française*, Seuil, 2000. (2)

CINNELLA Ettore, « État "prolétarien" et science "bourgeoise" : les *specs* pendant les premières années du pouvoir soviétique », *Cahiers du monde russe et soviétique*, 1991, vol. 32, n° 4, p. 469-501. (2)

CLARK Kenneth, *Ghetto noir*, préface de G. Myrdal, Payot, 1966. (4)

CLAVREUL Jean, *Le Désir et la loi*, Denoël, (le chapitre 3, sur *Le Marchand de Venise*, p. 115-141), 1987. (1)

« Color and Race », *Daedalus*, Spring 1967, en particulier les articles de Philip Mason et Edward Shils. (4)

COOLEY John, *Unholy Wars, Afghanistan, America and International terrorism*, London, Pluto Press, 1999. (4)

COTTIAS Myriam, « L'oubli du passé contre la citoyenneté : troc et ressentiment à la Martinique (1848-1946) » *in* Fred Constant et Justin Daniel, 1946-1996, *Cinquante Ans de départementalisation outre-mer*, L'Harmattan, p. 293-313. (4)

COURTOIS Stéphane (sous la direction de), *Une si longue nuit, l'apogée des régimes totalitaires*, éd. du Rocher, notamment l'article d'Andrzej Packowski sur la Pologne. (2)

CRANSHAW Edward, *La Chute des Habsbourg*, Gallimard, 1963. (3)

CROUZET François, *De la supériorité de l'Angleterre sur la France, l'économique et l'imaginaire*, préface de Pierre Chaunu, Perrin, 1999. (3)

DAIX Pierre, *La Crise du PCF*, Seuil, 1968. (4)

DAVIES Norman, *Histoire de la Pologne*, Fayard, 1986. (3)

DIECKHOFF, Alain et Kastoryano RIVA, *Nationalismes en mutation en Méditerranée orientale*, CNRS, 2007. (4)

DOSTOIEVSKY Fedor, *Les Carnets du sous-sol*, Babel, 1992. (0)

DOYLE William, *Des origines à la Révolution française*, Calmann-Levy, 1988. (2)

DUCHET Claude et DE COMARMOND, *Racisme et société*, Maspero, 1969 (collectif). (4)

DURANDIN Catherine, *Révolution à la française ou à la russe*, PUF, 1989. (2)

ERTEL Rachel, *Le Shtetl, la bourgade juive en Pologne*, Payot, 1982. (1)

« Êtes-vous ressentimental ? » *in La Célibataire*, revue de psychanalyse, 5, été-automne 2001, en particulier les articles de Charles Melman, Cyril Veken, Hélène L'Heuillet. (0)

FAVRET-SAADA Jeanne, en collaboration avec Josée Contreras, *Le Christianisme et ses Juifs, 188-2000*, Seuil, 2004. (1)

FERRO Marc, *Histoire de France*, Odile Jacob, 2001-2003. (3)

FERRO Marc, *Le Choc de l'Islam*, Odile Jacob, 2002. (4)

FERRO Marc, *Les Origines de la perestroïka*, Ramsay, 1990. (2)

FERRY Luc, *Apprendre à vivre*, Plon, 2006. (1)

FITZPATRICK Sheila, « The Bolschevik Dilemna : Class, Culture and Politics in the early Soviet Years », *Slavic Review*, 1988, vol. 47, n° 4. (2)

FROMM Erich, *La Peur de la liberté*, Buchet-Chastel, 1963. (0)

FURET François et OZOUF Mona, *Dictionnaire critique de la Révolution française*, Flammarion, 1988, lire en particulier, outre Furet et Ozouf, Bronislaw Baczko, David D. Bien, Patrice Gueniffey, Marcel Gauchet, Ran Halevy. (2)

GAUCHET Marcel, *La Condition historique. Entretiens avec François Azouvi et Sylvain Piron*, Stock, 2003. (0)

GREEN NANCY L., « Juifs et Noirs aux États-Unis, la rupture d'une alliance naturelle », *in Annales ESC*, 2, p. 445-465, 1987. (4)

GROSS Jan T., *Les voisins, 10 juillet 1941, un massacre de Juifs en Pologne*, Fayard, 2002. (1)

GURJANOV Alexander, « Soviet repressions towards Poles and Polish citizens in 1936-1956 in the light of soviet documents », *Europa Nie prowincjonalna*, pod. Red. Krysztofa Jasiewicza, Varsovie et Londres, 2000. (3)

HAMAANN Brigitte, *La Vienne d'Hitler*, Éd des Syrtes, 2001. (3)

HARTOG François, *Régimes d'historicité, présentisme et expérience du temps*, Seuil, 2003. (0)

HEGEL G.W.F., *L'Esprit du christianisme et son destin*, précédé de *L'Esprit du judaïsme* (1795-1799), Vrin, 2003. (0)

HIRSH Jean-pierre, *La Nuit du 4 août*, Archives Gallimard, 1978. (2)

Honour and Shame, the values of Mediterrean society, Londres, Weidenfeld, Peristiany J.G., (notamment l'article de Caro Baroja), 1965. (1)

Identités de l'Europe centrale, sous la direction de Michaël Maslowski, Institut d'études slaves, 1996. (3)

JACQUARD Roland et Tazaghart ATMANE, *Ben Laden, la destruction programmée de l'Occident*, Jean Picollec, 2004. (4)

JEISMANN Michaël, *La Patrie de l'ennemi, la notion d'ennemi national et la représentation en Allemagne et en France de 1792 à 1918*, CNRS, 1997. (3)

JORDAN June, *Afro-American Poetry*, New York, Zenith Books, 1970. (4)

SCHNAPP Alain et VIDAL-NAQUET Pierre, *Journal de la commune étudiante*, Textes et documents, sept. 1967, juin 1968, Seuil, 1969. (2)

KAPLAN Lawrence, (Ed), *Revolutions, a Comparative Study*, New York, 1972. (2)

KENDE P., POMIAN K., *Varsovie-Budapest, 1956*, Seuil, 1978. (3)

KEPEL Gilles, *Jihad, Expansion et déclin de l'islamisme*, Gallimard, 2000. (4)

KERSHAW Ian, *Qu'est-ce que le nazisme ?*, Gallimard, 1992. (2)

KLIUCHEVSKY Vasilii, *A History of Russia*, 5 vols, Londres, 1955. (2)

KRIEGEL Maurice, « Les Juifs », *in* Le Goff-Schmitt, p. 569-587. (1)

LABORIE Pierre, *Les Français des années troubles*, D. de Brouwer, 2001. (2)

LANGMUIR G.I., « L'absence d'accusation de meurtre rituel à l'ouest du Rhône », *in Juifs et Judaïsme en Languedoc, Cahiers de Fanjeaux*, Privat, 1977. (1)

LAURENS Henri, *La Question de la Palestine*, Fayard, 2 vol., 1999 et 2002. (4)

LE GOFF Jacques et SCHMITT Jean-Claude, *Dictionnaire raisonné de l'Occident médiéval*, Fayard, 1999. (1)

LEFRANC Georges, *Le Mouvement socialiste sous la III* République*, (1875-1940), Payot, 1963. (2)

LEPELLEY Claude, *L'Empire romain et le christianisme*, Flammarion, 1969. (1)

LEVESQUE Jacques, *1989, la fin d'un Empire, l'URSS et la libération de l'Europe de l'Est*, Presses de la FNSP, 1995. (3)

LEWIS Bernard, *Le Retour de l'Islam*, Gallimard, 1985. (4)

LEWIS Bernard, *Race et couleur en pays d'Islam*, Payot, 1982. (4)

MARTINEZ-GROS Gabriel et VALENSI Lucette, *L'Islam en dissidence, genèse d'un affrontement*, Seuil, 2004. (4)

MEDDEB Adelwahab, *La Maladie de l'islam*, Seuil, 2002. (4)

MELE Giannarita, « Théorie et organisation des pratiques culturelles à l'époque du Proletkult », *in* Ferro et Fitzpatrick, *Culture et Révolution*, EHESS, 1989, p. 41-71. (2)

MOMMSEN Hans, *Le national-socialisme et la société allemande*, éd. de la MSH, préface de H. Rousso, 1997. (2)

MOSCOVICI Serge, « Le ressentiment, suivi d'extraits d'interviews », *Le Genre humain*, automne-hiver 1984-1985, p. 179-206. (0)

MURRAY Frame, « Censorship and Control in the Russian Imperial Theatres during the 1905 Revolution and its Aftermath », *Revolutionary Russia*, vol. 7, déc. 1994, p. 164-192. (2)

NGOUPANDÉ Jean-Paul, *L'Afrique face à l'Islam*, Albin Michel, 2003. (4)

NICOLAS Jean, *La Rébellion française – Mouvements populaires et conscience sociale, 1661-1789*, Seuil, 2005. (2)

NIETZSCHE Friedrich, *La Généalogie de la morale* (1887), Le Livre de poche, 2000. (0)

NIETZSCHE Friedrich, *Le Gai Savoir* (1882), Hachette Pluriel, 1987. (0)

NOLTE Ernst, *Les Mouvements fascistes, l'Europe de 1919 à 1945*, préface d'Alain Renaut, Calmann-Lévy, Nlle édition 1991. (2)

NOTIN Jean-Christophe, *La Campagne d'Italie. Les victoires oubliées de la France (1943-1945)*, Perrin, 2002. (3)

ORY Pascal, *La France allemande (1933-1945). Paroles de collaborationnisme*, Archives-Gallimard, 1977. (2)

PERISTIANY J.G. et PITT-RIVERS Julian, *Honor and Grace in Anthropology*, Cambridge, Univ. Press, 1992. (1)

PÉTRÉ-GRENOUILLEAU Olivier, *Les Traites négrières*, Gallimard, 2004. (4)

PIGANIOL André, *L'Empire chrétien*, PUF, 1944. (1)

POLIAKOF Léon, *Le Mythe aryen*, Calmann-Lévy, 1971. (1)

POLIAKOV Léon, *Histoire de l'antisémitisme*, Calmann-Lévy, 3 vol., 1968. (2)

POMIAN Krzysztof, *Pologne, défi à l'impossible : de la révolte de Poznan à Solidarité*, Éd. Ouvrières, 1982. (3)

POPOVITCH Alexandre, « La Révolte des Zandj », *Cahiers de la Méditerranée*, vol. 65.

POPOVITCH Alexandre, *La Révolte des Zandj*, EHESS, 1976. (4)

RAWLS John, *A Theory of Justice*, Oxford, p. 530-541, 1971. (0)

REBILLARD Eric, « La conversion de l'Empire romain selon Peter Brown », *in Annales, HSS*, 4, p. 813-823, 1999. (1)

REIMANN Viktor, *Joseph Goebbels*, Flammarion, 1973. (2)

RENÉ-CHARDAVOINE Monique, *La Croisade albigeoise*, Archives Gallimard, 1979. (1)

Révolte et société, présenté par Philippe Jansen, 2 vol., 1989, Histoire au présent, Sorbonne (notamment les articles de A. de Baecke et Rémy Puech). (2)

Rovan Joseph, *Histoire de l'Allemagne*, Seuil, 1999. (3)

Rowan Carl, T., *Just between Us, Blacks*, New York, Random House, 1974. (4)

Roy Olivier, *L'Échec de l'islam politique*, Seuil, 1992. (4)

Rupnik Jacques, *L'Autre Europe, Crise et fin du communisme*, Odile Jacob, 1990. (3)

Scheler Max, *L'Homme du ressentiment* (1887), Gallimard, 1933. (0)

Scheler Max, *Le Sens de la souffrance* (1916), Gallimard, 1945. (0)

Scherrer Jutta, « Pour l'hégémonie culturelle du prolétariat : aux origines du concept de culture prolétarienne », *in* Ferro et Fitzpatrick, *Culture et Révolution*, EHESS, 1989, p. 11-25. (2)

Schorske Carl E., *De Vienne et d'ailleurs*, Fayard. (3)

Sermet Vincent, *Musique soul et funk en France, Histoire et Cultures de 1960 à nos jours*, thèse à l'UFR de l'université de Marne-la-Vallée, sous la direction de Sylvie Dallet, 2006. (4)

Seton Watson Hugh, *The East European Revolution*, Londres, 1956. (3)

Shiller Robert J., « La nouvelle lutte des classes », *Le Monde-économie*, VI, 6 février 2007. (2)

Siller Javier Perez (collectif), *La Découverte de l'Amérique ? Les regards sur l'autre à travers les manuels scolaires*, L'Harmattan-Georg Eckert Institut, préface de Marc Ferro, avant-propos de Rainer Riemeschneider, 1992. (4)

Simmel Georg, *Le Conflit*, Circé Poche, 2000-2003. (0)

Stern Fritz, *Dreams and Desilusions. National Socialism in the Drama of the German Past*, Vintage Books, 1989. (2)

Stern Fritz, *The Politics of Cultural Despair. A Study in the Rise of the Germanic Ideology*, University of California Press, 1974. (2)

Sternhell Zeev, *Ni droite ni gauche, l'idéologie fasciste en France*, Nlle éd. Complexe, 2000. (2)

Stora Benjamin, *La Guerre invisible, Algérie, années 90*, Presses des Sciences-Politiques, 2001. (4)

Suffert Georges, « Crise dans l'armée », *Esprit*, p. 819-820, mai 1957. (0)

Tackett Timothy, *Par la volonté du peuple. Comment les députés de 1789 sont devenus révolutionnaires*, Albin Michel, 1996. (2)

Toynbee Arnold J., *La Religion vue par un historien*, Gallimard, 1963. (0)

Vermeil Edmond, *Doctrinaires de la révolution allemande, 1918-1938*, Sorlot, 1939. (2)

Veyne Paul, *Le Pain et le cirque*, Seuil, 1975. (1)

Veyne Paul, *Quand notre monde est devenu chrétien (312-394)*, Albin Michel, 2007. (1)

Viatteau Alexandra, *Katyn, l'armée polonaise assassinée*, Éd. Complexe, 1982. (3)

Vuckovic Nadja, « Qui demande des réparations et pour quels crimes ? » *in* Marc Ferro, *Le Livre noir du colonialisme, XVIᵉ-XXᵉ siècle : de l'extermination à la repentance*, p. 762-787, R. Laffont, 2001. (4)

Weil François, *Histoire de New York*, Fayard, 2000. (4)

Weil Patrick, *La France et ses étrangers, 1938-1991*, Calmann-Lévy, 1991. (4)

Werth Nicolas, « Un État contre son peuple », *in Le Livre noir du communisme*, sous la direction de Stéphane Courtois, Laffont, 1997, p. 49-299. (2)

Wieviorka Michel, *Sociétés et terrorisme*, Fayard, 1998. (4)

Winock Michel, *La France et les Juifs*, Seuil, 2004. (2)

Yassine Abdelsalam, *Islamiser la modernité*, Al Ofok, 1998. (4)

Yonnet Paul, « Rock, Pop, Punk, Masques et Vertiges du peuple adolescent », *Le Débat*, 25 mai 1983, p. 133-156. (4)

Yonnet Paul, *Voyage au centre du malaise français, l'antiracisme et le roman national*, Gallimard, 1993. (4)

Zarka Yves-Charles, « L'Islam en France », *in* Yves-Charles Zarka, Sylvia Taussig, Cynthia Fleury, *Cités*, PUF, 2004. (Voir aussi les articles d'Olivier Roy, de Giles Kepel, d'Alexandre Adler). (4)

Zeghal Malika, *Gardiens de l'islam, les oulemas d'Al Azhar*, Presses des Sciences-Politiques, 1996. (4)

Zerner Monique, « Hérésies », *in* Le Goff-Schmitt, p. 464-481. (1)

Zunz Olivier, *Le Siècle américain*, Fayard, 2000. (4)

Index

213

INDEX

Remerciements

N'est-ce pas le quatrième de mes ouvrages dont Gérard Jorland assure la direction éditoriale ? L'appétence avec laquelle il rectifie, corrige, suggère, renvoie à ses travaux sur l'empathie.

Comment dire ma gratitude…

Elle va également à Christine Murco qui a dû s'y retrouver dans mon texte, mes corrections, que sais-je encore.

Elle va à tous ceux qui m'ont encouragé à me lancer dans l'aventure de cet ouvrage, auquel j'ai livré un vrai combat. Sans l'intérêt qu'ils y ont pris, sans doute n'aurais-je pas pu aboutir.

Laurent Theis et Annie Goldmann, Naïm Kattan et Nadja Vuckovic, Marie-Claire Lavabre et Laurent Thévenot, Henri Rousso et Meryem Desert, François Hartog et Laurence Devillairs, Maurice Olender et Myriam Cottias, Baber Johansen et Maria Pia di Bella, Danièle Alexandre-Bidon.

Ainsi que toute l'équipe si épatante de la rue Soufflot.

Table

Ouvrage publiée sous la responsabilité
éditoriale de Gérard Jorland

Cet ouvrage a été transcodé et mis en pages
chez NORD COMPO (Villeneuve d'Ascq)

Impression réalisée sur Presse Offset par

C P I
Brodard & Taupin

La Flèche (Sarthe), le 19-09-2008
N° d'impression : 48758
N° d'édition : 7381-2161-X
Dépôt légal : octobre 2008

Imprimé en France